Marion + Guido

W0387541

Das praktische Meerwasseraquarium

Bernd u. Steffen Schmitt

Tetra

Bernd u. Steffen Schmitt

Das praktische Meerwasser-Aquarium

Tetra

Bildnachweis:

Sämtliche Bilder wurden von den Autoren fotografiert, außer H. Debelius 177 o., u., B. Greger 19, 107, R. Hebbinghaus 78, 82 o., 85 o., 90, 103, 105 o. r., u. l., u. r., 111, 120, 121, 128, 131 o., 140 o. r., u. r., 142, 143 o., u., 144 u. l., u. r., 146 u. l., 147 o. r., 148 o., u., 154 u. l., u. r., 158 o. l., o. r., 159 o., 161 o. l., o. r., u., 163 o., 164, 168 o. r., 169, Dr. H.-J. Herrmann 6, 17 o., 24 o., u., 34 o., 59, 60, 64 o., 67, 68 o., u., 73, 85 u., 87, 135 o. l., o. r., u. l., 136 u., 139 o., 149 u. r., 151, 152 o. l., o. r. u. l., 153 o. l. u. l., 154 o. l., o. r., 155 o., u., 157, 158 u., 159 u., 160 u., 166 o. l., o. r., u. l., 167 o. r., 168 o. l., u. l., u. r. , 170, 171 o, u., 174 o., u., 178 o. l., 180, 181, Tetra-Archiv 25 u. r., u. l., 39 u., 56 u., 62 u. l., 63 o., 76, 77 r., 97 o., 101 l., 104 r., 110, 118, 172 u., 173 o., u.

Die Deutsche Bibliothek – CIP-Einheitsaufnahme
Das **praktische Meerwasseraquarium** / Bernd u. Steffen Schmitt. –
1. Aufl. – Münster: Tetra, 1999
ISBN 3-89745-129-8

© **1999 Tetra-Verlag GmbH**
An der Kleimannbrücke 39, 48157 Münster

Das Werk einschließlich aller seiner Teile ist urheberrechtlich geschützt. Jede Verwertung außerhalb der engen Grenzen des Urheberrechtsgesetzes ist ohne Zustimmung des Verlages unzulässig und strafbar. Das gilt insbesondere für Vervielfältigungen, Übersetzungen, Mikroverfilmungen und der Einspeicherung und Verarbeitung in elektronischen Systemen.

Die in diesem Buch enthaltenen Angaben, Ergebnisse, Dosierungsanleitungen etc. wurden vom Autor nach bestem Wissen erstellt und sorgfältig überprüft. Da inhaltliche Fehler trotzdem nicht völlig auszuschließen sind, erfolgen diese Angaben ohne jegliche Verpflichtung des Verlages oder des Autors. Beide übernehmen daher keine Haftung für etwaige inhaltliche Unrichtigkeiten.

1. Auflage 1999

Druck: M. P. Media-Print Informationstechnologie GmbH, Paderborn

ISBN: 3-89745-129-8

Das praktische Meerwasseraquarium

Inhaltsverzeichnis

Vorwort

Die Meeresaquaristik hat in den letzten Jahren einen großen Aufschwung genommen. Dafür gibt es viele Gründe. Die Unterwasserwelt der Riffe ist vielen Menschen durch zahlreiche Publikationen in Fernsehen, Zeitschriften und Büchern, oft aber auch durch das eigene Erleben auf Reisen nähergebracht worden.
Dadurch ist das Interesse an dieser faszinierenden Welt gewachsen und vielfach entstand der Wunsch, einen kleinen Naturausschnitt aus dem Meer ins Wohnzimmer zu holen. Vorkenntnisse aus der Süßwasseraquaristik helfen dabei genauso wie eine verbesserte Technik.
Unser Buch soll helfen, die zunächst verwirrende Vielfalt an Fakten und Problemen zu ordnen. Der Weg über die Beantwortung von vielen Fragen erscheint uns deshalb als logisch. Wir hoffen, Ihnen damit einen Weg in ein traumhaftes schönes und dabei lehrreiches Hobby etwas ebnen zu können.

Grundgedanken zur Meeresaquaristik

Was will ich eigentlich?

Wie gut bin ich über ein Meerwasseraquarium informiert?

Wie sieht der Lebensraum Meer aus?

Wie gehe ich mein neues Hobby richtig an?

Welche Aquarientypen würden mich interessieren?

Würde ich mich für ein Riffaquarium entscheiden?

Würde ich mich für ein Fischaquarium entscheiden?

Was ist ein Spezialaquarium?

Gibt es auch Kaltwasser-Meeresaquarien?

Grundgedanken zur Meeresaquaristik

Was will ich eigentlich?

Es sind eine Menge Vorüberlegungen zu machen, bevor man sich in das Abenteuer „Meeresaquaristik" stürzt. Sie sollten gründlich sein und werden dann sehr unterschiedliche, aber in einem engen Zusammenhang stehende Bereiche einbeziehen müssen. Die Verantwortung für lebende Tiere sollte nie eine Augenblickssache sein und stets im Vordergrund stehen. Auch die finanzielle Investition muß wohl überlegt werden. Ein Meerwasseraquarium bedarf in den meisten Fällen eines größeren technischen Aufwandes als ein etwa gleichgroßes Süßwasseraquarium. Auch die laufenden Kosten, etwa durch den höheren Energiebedarf, übersteigen oft die Erwartungen. Eine umfassende Planung ist daher unerläßlich und kann durch Fachliteratur und Befragung erfahrener Aquarianer maßgeblich unterstützt werden. Hierbei kann man durchaus auf widersprüchliche Aussagen und Meinungen treffen. Diese zeigen nur auf, welche unterschiedlichen Erfahrungen mit der Meerwasseraquaristik gemacht wurden und wie sie interpretiert werden. Letztendlich sind verschiedene Erfahrungen auf einem Fachgebiet, wie immer im Leben, die Triebkräfte der Entwicklung und ebenso ein Beweis für den enormen Fortschritt der Meerwasseraquaristik. Irgendwann wird Ihnen dieser Mechanismus bewußt werden. Doch dann sind Sie bereits vom Virus „Aquaristik" infiziert...

Grundgedanken zur Meeresaquaristik

Wie gut bin ich über die Meerwasseraquaristik informiert?

Viele Einsteiger in die Meerwasseraquaristik haben schon Erfahrungen beim Betreiben eines oder gar mehrerer Süßwasseraquarien gesammelt. Jene aquaristischen Grundkenntnisse können nun als Basis für hinzu kommende Anforderungen genutzt werden. Es gibt natürlich auch viele neue Aspekte, deren Nichtbeachtung unweigerlich zur Katastrophe führen kann. Eine Vielzahl von Lebewesen aus Süßgewässern besitzt gegenüber Schwankungen einiger Wasserparameter eine relativ große ökologische Toleranz. Diese Tatsache führt gerade in der Süßwasseraquaristik dazu, daß in Gesellschaftsaquarien miteinander vergesellschaftete, mitunter an die Grenzen des für sie Erträglichen stoßende Arten dennoch überleben. Im Meerwasseraquarium führt ein Nichtbeachten grundsätzlicher Parameter sehr schnell zum Zusammenbruch des gesamten Minibiotops. Die Ursache dafür liegt in der weitgehenden Konstanz des natürlichen Lebensraumes Meer. Die im Meer beheimateten Lebewesen sind an äußerst stabile Wasserwerte gewöhnt und nur in besonderen Biotopen, etwa in den Gezeitenzonen, gehören für einige Tier-und Pflanzenarten Veränderungen der Umweltparameter zum Lebensrhythmus. Der Erfolg in der Meeresaquaristik liegt daher in hohem Maße in der Kunst, die Wasserwerte unverändert auf einem für die Aquarienbewohner zuträglichen Niveau zu halten. Auf welche Werte ein besonderer Augenmerk zu richten ist, wird im entsprechenden Abschnitt dieses Buches beschrieben. Um dieses gleichbleibende Niveau aufrechtzuerhalten, gehören neben dem „salzigen Daumen" einige eigens dafür entwickelte technische Hilfsmittel dazu. Sie ermöglichen heute eine Haltung und Zucht zahlreicher Meeresbewohner, was noch vor wenigen Jahren als Phantasie abgetan wurde. Es wäre jedoch ein großer Irrtum, diese technischen Hilfsmittel in einem Automatismus als Garantieschein für den Erfolg zu betrachten. Das verstehende Erkennen und bewußte Eingreifen des Aquarianers ist nicht zu ersetzen. Das setzt einen enormen Lernwillen voraus. Bringt man ihn auf, so wird sich bald zeigen, daß der Zeitaufwand für das Betreuen eines Meerwasseraquariums nicht größer ist als für ein etwa gleich großes Süßwasseraquarium.

Grundgedanken zur Meeresaquaristik

Wie sieht der Lebensraum Meer aus?

Wer sich den Lebensraum seiner zukünftigen Pfleglinge einmal genauer betrachtet, wird einige wichtige Faktoren erkennen, die auch im Aquarium unbedingt beachtet werden müssen. Das Meer befindet sich in ständiger Bewegung: Wind, Gezeiten, Meeresströmungen durch klimatische Einflüsse , Seebeben usw. führen zu ständigen Umschichtungen und einer Anreicherung mit Sauerstoff. Viele jener Lebewesen, die wir im Aquarium pflegen, leben in Flachwasserbereichen des Meeres. Hier sind sie einer sehr starken Sonnenbestrahlung ausgesetzt. Licht ist also ein weiterer ausschlaggebender Faktor für eine erfolgreiche Meerwasseraquaristik. Natürlich gibt es, wie sollte es auch anders sein, Ausnahmen von der Regel. So vertragen zum Beispiel Seepferdchen und Weichkorallen, die unter Riffüberhängen leben, keine starke Strömung, letztere auch kein zu grelles Licht. Die Vielfalt der Lebewesen im Meer fasziniert und verwirrt zugleich. Häufigste Vorlagen für eine Miniaturkopie im Aquarium sind tropische Korallenriffe. Leider wird nur allzu gern übersehen, daß in dieser atemberaubenden Schönheit ein gnadenloser Konkurrenzkampf steckt. Eine durch sinnvolle Vergesellschaftung miteinander verträglicher Arten ausgewogene Gemeinschaft ist also ebenfalls eine wichtige Voraussetzung. Allerdings stehen wir auch hier – trotz der enormen Fortschritte in der Meeresaquaristik – erst am Anfang. Wir blicken zwar weit ins Universum, doch schon in wenigen Metern unter der Wasseroberfläche müssen wir bei vielen Dingen jenes komplizierten Beziehungsgefüges unterschiedlicher Lebewesen bis heute passen. Geben wir uns Mühe, manche davon vielleicht sogar im Meerwasseraquarium zu enträtseln.

Grundgedanken zur Meeresaquaristik

Wie gehe ich mein neues Hobby richtig an?

Wenn man sich über die finanzielle Seite der Anschaffung eines Meerwasseraquariums klar geworden ist, sollte man über Standort und Größe reiflich nachdenken. Die objektiven Möglichkeiten korrigieren mitunter das Wunschbild des angestrebten Minibiotops; der vorhandene Platz mit den notwendigen elektrischen Anschlüssen für Aggregate, der Freiraum für deren Bedienbarkeit, die Tragfähigkeit des Bodens und natürlich auch eine harmonische Anpassung in das gesamte Wohnumfeld sind zu berücksichtigen. Die Entscheidung wird fast immer ein Kompromiß sein. Es ist wichtig, daß er über eine lange Zeit beständig bleibt. Das ist durchaus auch im doppelten Sinn gemeint, aber dazu später. Die Vorbereitungsphase wird mit Literaturstudium, Beratungs-und Inspektionsbesuchen im Fachhandel und Diskussionen mit befreundeten Aquarianern (bei Bedarf hilft sicher ein in Ihrer Nähe befindlicher Aquarienverein z.B. des VDA) ausgefüllt sein. Fertigen Sie sich Pläne, Zeichnungen oder Skizzen an. Sie helfen bei der Entwicklung des eigenen Projektes und tragen in Gesprächen mit anderen dazu bei, daß man nicht „aneinander vorbeiredet". In dieser Zeit sollte man sich darüber klar werden, welchen Aquariumtyp man anstrebt, und damit unmittelbar verbunden, welche Tiere gepflegt werden sollen. Die technische Ausstattung hängt maßgeblich von dieser Entscheidung ab.

Grundgedanken zur Meeresaquaristik

Würde ich mich für ein Riffaquarium entscheiden?

Den ungeheuren Aufschwung der letzten Jahre hat die Meeresaquaristik vor allem dem Korallenriff-Aquarium zu verdanken. Gerade der in diesen Aquarien gefundene Kompromiß, wenige Fische mit einer prachtvollen Korallenwelt zu kombinieren, macht diesen Aquariumtyp selbst für Beginner in der Meeresaquaristik interessant. Wirbellose Tiere galten lange Zeit als besonders heikle Pfleglinge. Das Studium ihrer Lebensansprüche, aber vor allem eine moderne Aquarientechnik und -chemie ermöglichten einen gewaltigen Entwicklungssprung. Heute dominiert der Anteil der Riffaquarien eindeutig in der Meeresaquaristik. Es ist natürlich auch faszinierend, in einem solch begrenzten Lebensraum eine Lebensvielfalt derartigen Ausmaßes zu pflegen. Bringt man die nötige Geduld auf, was sich besonders in der Meeresaquaristik stets auszahlt, so kann man die Entwicklung eines solchen Miniriffs über Jahre verfolgen. An der langsamen Entwicklung des kleinen Riffs lernt man, welche Eingriffe im Aquarium notwendig sind, und wie eine solche Lebensgemeinschaft auf äußere Einflüsse reagiert. Daß man den Aufbau eines kleinen Riffs mit einfach zu pflegenden Korallenarten beginnt und nicht mit empfindlichen Steinkorallen startet, versteht sich von selbst. Auch bei der Auswahl der Fische ist vorausschauendes Handeln sinnvoll. Weniger ist hier oft mehr! Fische belasten mit ihren Ausscheidungen das empfindliche System ganz erheblich. Ausgehungerte, abgemagerte Fische sind aber ebensowenig eine schöne Ergänzung zu farbenprächtigen Korallen, wie etwa bestgenährte Fischschwärme zu toten Korallenskeletten optisch passen würden. Unüberlegtes Handeln führt daher leider zu Tendenzen, wie sie beispielsweise in der Süßwasseraquaristik bei überbevölkerten und damit nicht funktionierenden Gesellschaftsaquarien hin und wieder anzutreffen sind.

Grundgedanken zur Meeresaquaristik

Würde ich mich für ein Fischaquarium entscheiden?

Viele Korallenfische lassen sich in einem Riffaquarium nicht oder nur schlecht pflegen. Hat man sein Herz an solche Tiere verloren, so muß man auch die Konsequenzen tragen – etwa daß Korallen, Schwämme, Garnelen, Schnecken und andere Wirbellose auf ihrem Speiseplan stehen können. Bei anderen Arten verbietet einfach die Körpergröße und die Menge des benötigten Futters eine Unterbringung in einem Aquarium mit Korallen, da die Wasserbelastung nicht auf dem erforderlichen Minimum gehalten werden kann. Nun bedeutet das keineswegs, daß von Meeresfischen eine schlechtere Wasserqualität (etwa ein erhöhter Nitratwert) auf Dauer toleriert wird. Schwankungen der Wasserqualität werden in gewissen Toleranzbereichen eher verkraftet. Wirbellose reagieren auf derartige negative Qualitätssprünge wesentlich sensibler. Die Vergesellschaftung einzelner Arten im Fischaquarium muß ebenso verantwortungsvoll durchgeführt werden, wie dieses für das Riffaquarium schon erläutert wurde. Vergesellschaftet man Fische allein wegen ihrer Farbenpracht, so ist das verantwortungslos. Ein so zusammengestellter Fischbesatz wird das Aquarium schon bald in einen „Kriegsschauplatz" verwandeln, da weder Raum-noch Revieransprüche der verschiedenen Fischarten berücksichtigt wurden. Da das Ausweichen unterlegener Tiere auf solch engem Raum auf Dauer nicht gelingt, wird es schon bald die ersten Opfer geben. Es sind also auch bei einer angestrebten reinen Fischhaltung gründliche Vorüberlegungen notwendig. Das Studium der Lebensbedürfnisse und des Verhaltens jener gewünschten Arten muß der Auswahl vorausgehen.

Dieser Zackenbarsch ist für die Haltung in einem Riffaquarium nicht geeignet.

Grundgedanken zur Meeresaquaristik

Was ist ein Spezialaquarium?

Es gibt in der unglaublichen Vielfalt des Lebens im Meer eine Reihe interessanter Details, die eine besondere aquaristische Gestaltung und Beobachtung lohnenswert machen. An erster Stelle muß dabei natürlich die Lebensgemeinschaft (Symbiose) von einigen Korallenfischen mit bestimmten Anemonenarten genannt werden. Ähnlich Beziehungen existieren auch zwischen Fischen und Garnelen bzw. anderen Krebsen oder aber zwischen Krabben und Anemonen. Eine solche Gemeinschaft ist in einem eigens dafür hergerichteten Aquarium am sinnvollsten zu pflegen. Anemonen sind in der Lage, ihren Standort aktiv zu wechseln. In einem Riffaquarium kann dieser Wandertrieb zu Vernesselungen und anschließendem Absterben von Korallen führen. Ein Spezialaquarium ermöglicht es durch spezielle Einrichtung, auf die Bedürfnisse der wenigen Arten so einzugehen, daß man durch das gute Funktionieren dieser kleinen Lebensgemeinschaften belohnt wird. Auch dann, wenn man darin nur eine einzige Art pflegt, ist der Erfolg und auch der Schauwert eines solchen Aquariums höher als er in einem Gesellschaftsaquarium auf zu engem Raum je zu erreichen wäre. Als Beispiel seien nur die Haltung von Seepferdchen, Seenadeln oder Schaukelfischen genannt. Auch planktonfressende Korallen, deren Fütterung auf Dauer in einem Riffaquarium problematisch werden kann, sind häufig in einem Spezialaquarium besser aufgehoben. Daß Fortpflanzungserfolge am häufigsten bei einer solchen Haltung erreicht werden, ist eine logische Konsequenz.

Seepferdchen gehören in ein Spezialaquarium.

Gibt es auch Kaltwasser-Meeresaquarien?

Einige Meeresaquarianer begannen ihr salziges Hobby mit Pfleglingen aus der Nord-und Ostsee oder aber aus dem Mittelmeer. Oft war eine Urlaubsreise der Ausgangspunkt für derartige Versuche. Als Hauptproblematik stellt sich bei diesen Aquarien der Temperaturanstieg des Wassers an heißen Sommertagen heraus. Verkraften Tiere aus dem Mittelmeer einen Anstieg der Wassertemperatur auf über 25°C einigermaßen problemlos, so haben Bewohner aus Nord-und Ostsee vielfach keine Überlebenschance. Will man sich also über einen längeren Zeitraum mit Pfleglingen aus kalten Meeren beschäftigen, dann ist die Anschaffung eines Kühlaggregates notwendig. Hiermit kann dann der unerwünschte Anstieg der Temperatur in den Sommermonaten abgefangen werden. Auch jahreszeitliche Schwankungen der Wassertemperatur, die in diesen Breiten entsprechend größer ausfallen, lassen sich so künstlich realisieren. Mitunter bewährten sich kühle Kellerräume als Standorte für Kaltwasser-Meeresaquarien. In diesem Fall entfällt meistens eine zusätzliche Kühlung.

Wachsrosen (unten) und Flundern sind Pfleglinge des Kaltwasser-Meerwasseraquariums.

Das Aquarium und seine Technik

Welches Aquarium ist das Richtige?

Wie groß muß ein Meerwasseraquarium sein?

Was ist beim Aufstellen eines Aquariums grundsätzlich zu beachten?

Wo stelle ich mein Meerwasseraquarium auf?

Das Aquarium und seine Technik

Welches Aquarium ist das Richtige?

Angehende Meeresaquarianer stehen häufig vor der Entscheidung, ob das Aquarium aus silikonverklebtem Glas oder aber aus Plexiglas (Acrylglas) gefertigt werden soll. Vor-und Nachteile des jeweiligen Materials müssen individuell abgewogen werden. Glasaquarien sind im Vergleich preiswerter. Sie haben aber ein wesentlich höheres Eigengewicht. Die vom Auge registrierte Farbwiedergabe ist schlechter als bei einem Plexiglas-Becken. Dieses ist auch dann der Fall, wenn man sich für die Verwendung von Kristallspiegelglas für die Sichtscheibe entschieden hat. Glasaquarien sind jedoch wesentlich unempfindlicher gegenüber Kratzern. Bei Vergleichen der vom Hersteller garantierten Standzeiten schneiden Plexiglasaquarien besser ab, gleichgültig ob diese geklebt oder verschweißt wurden. Problematisch sind allerdings noch immer die Reinigung der Frontscheibe und das Entfernen von Kalkablagerungen. Obwohl die Qualität der Silikonkleber für die Aquaristik immer mehr verbessert wurde, ist eine Alterung dieses Materials wahrscheinlich. Die Unterwanderung der Klebenähte durch Algen wurde mittels Einfärbung dieser Silikone (meist schwarz) beseitigt. Sehr selten sind allerdings in der Meeresaquaristik kleine Schneckenarten, aber auch Seeigel beobachtet worden, die sich in den Kleber einfressen oder ihn anderweitig beschädigen. Selbst Klingen-Scheibenreiniger beschädigen mitunter die Silikon-Innennähte im Aquarium. Das läßt sich durch Aufkleben schmaler Glasstreifen auf die Silikonwülste verhindern. Die Verwendung von Metallrahmen scheidet für Meerwasseraquarien aus. Die Festigkeit eines Aquariums ist heute durch entsprechende Verstrebungen aus Glas oder Acrylglas garantiert. Bei speziellen Ausführungen von Meeresaquarien sind auch schon Kunststoffplatten oder mit speziellen Harzen versiegelte Holzplatten verwendet worden, doch gehört dazu ein solides Fachwissen. In den meisten Fällen sind derartige Aquarien Unikate von handwerklich begabten Aquarianern. Unerfahrene sollten sich der Risiken eines Eigenbaus bewußt sein. Dieses gilt gerade für den Eigenbau von Glasaquarien. Der Preis für das entsprechende Glas ist im Einzelhandel meist genauso hoch wie ein vom Fachmann gefertigtes Aquarium; die vielen im Zoofachhandel erhältlichen Fertigaquarien bieten nahezu für jeden Geschmack und für viele Sonderwünsche die geeignete Lösung und in den meisten Fällen auch eine Garantiezeit.

Das Aquarium und seine Technik

Was ist beim Aufstellen eines Aquariums grundsätzlich zu beachten?

Man sollte sich sehr ernsthaft mit der Tragfähigkeit des Fußbodens im Hinblick auf die zu erwartende Masse des geplanten Aquariums auseinandersetzen. Besonders bei dem zu verzeichnenden Wunsch nach immer größeren Aquarien ist dieser Hinweis wichtig. So hat z.B. ein Aquarium mit den Maßen 1 x 0,5 x 0,5 m ein Fassungsvermögen von 250 Litern. Würde man nur das Wasser berücksichtigen, dann entspräche das einer Masse von 250 kg. Nun sind aber außer dem Glaskörper des Aquariums besonders bei dem sehr oft angestrebten Typ des Riffaquariums nicht gerade wenige Steinaufbauten als Dekorationsmaterial vorhanden. Deren Dichte liegt erheblich über der von Wasser. Gleiches gilt für den Bodengrund (das spezifische Gewicht etwa von Lochgestein oder Korallensand beträgt das 2,5fache von Wasser). Mit dem Unterbau des Aquariums kommt man auf eine Gesamtmasse, die auf alle Fälle einen gut belastbaren Fußboden erfordert. Zwar kennt man schwere Möbelstücke, z.B. große Bücherschränke, die ohne Bedenken und statische Überlegungen aufgestellt werden. Eine Wasserwaage zeigt bei derartigen Belastungen einseitige Absenkungen von Dielungen. Auch ein 1 m langes Meerwasseraquarium wiegt mitunter eine halbe Tonne. Überbelastung von Holzfußböden und punktuelle Absenkungen führen häufig zu Scheibenrissen, in der Regel der Bodenscheiben. Bei Meerwasser kann das zu Problemen führen, da das ins Mauerwerk eindringende Salz durch seine Fähigkeit, Wasser zu binden, scher zu sanierende Schäden hervorruft. Man sollte also bei Aquarien, die von ihrer Masse an der Grenze der Belastbarkeit des Fußbodens liegen, in jedem Fall einen Fachmann zu Rate ziehen. Die Standfestigkeit gilt natürlich sowohl für den Fußboden, wie für den Unterbau. Die Auflagefläche selbst muß absolut in der Waage sein. Um das festzustellen, ist eine Wasserwaage unbedingt notwendig. Besonders kritisch sind Verwerfungen über die Diagonale der Bodenscheibe. Sie sind die häufigste Ursache für einen Riß.

Unterbau aus Ytong-Steinen.

Das Aquarium und seine Technik

Wie groß muß ein Meerwasseraquarium sein?

Die Größe eines Meerwasseraquariums hängt natürlich von den persönlichen Gegebenheiten ab. Die Behauptung, die Maße sollten auf jeden Fall jene eines Süßwasseraquariums übertreffen, stimmt nicht. Unzweifelhaft nimmt aber mit der Vergrößerung der Wassermenge die biologische Stabilität zu. Kleinere Haltungsfehler werden in größeren Aquarien eher toleriert. Nur in extrem schwach mit Fischen besetzten Aquarien wird es gelingen, ein ausgewogenes Gleichgewicht zu erreichen. Ohne regulierende Eingriffe wird man jedoch keineswegs auskommen. Das aus der Fütterung resultierende organische Material wird verarbeitet, die Abbauprodukte müssen entfernt werden, wenn das System stabil bleiben soll. Nur ein geringer Teil der zugeführten organischen Substanzen wird zum Aufbau der Pflanzen und Tiere im Aquarium gebunden. Wenn man diese grundsätzliche Beziehungskette versteht und das richtige Fingerspitzengefühl für die praktische Handhabung entwickelt, sind selbst kleinere Meeresaquarien durch einen angepassten Besatz beherrschbar. Überlegenswert ist neben dem Wasservolumen das Verhältnis von Breite zur Höhe des Aquariums. Für eine ansprechende Dekoration sollte das Becken breiter als hoch angelegt werden. Mit einer Höhe von 60 cm erreicht man hinsichtlich der Beleuchtung eine bestimmte Grenze. Überschreitet man diese Höhe, so muß der Beleuchtungsaufwand unverhältnismäßig erhöht werden. Um in einem Aquarium vernünftig hantieren zu können, wird es über 60 cm ebenfalls kritisch, es sei denn man möchte mit Schnorchel und Taucherbrille sein „Abenteuer-Aquarium" pflegen. Ein wichtiger Punkt, der gerade für Maßanfertigungen zu berücksichtigen ist, besteht in der Tatsache, daß beim Bau an geeignete Befestigungsmöglichkeiten für die Strömungspumpen (s. S. 25, 26) gedacht werden sollte.

Auch so kleine Meeresaquarien sind möglich.

Das Aquarium und seine Technik

Wo stelle ich mein Meerwasseraquarium auf?

Als Faustregel kann gelten: „Je weniger Tageslicht ins Aquarium fällt, desto günstiger ist sein Standplatz". So können unnötige Spiegelungen in der Sichtscheibe vermieden werden, die für den Betrachter störend wirken. Tiere und Pflanzen sind auf die Richtung des Lichteinfalls fixiert. Kommt dieser gleichzeitig aus unterschiedlichen Richtungen, bereitet ihnen das Probleme. Durch den unterschiedlichen Sonnenstand in den verschiedenen Jahreszeiten werden diese Probleme noch verstärkt. Erhöhtes Algenwachstum, besonders an der Sichtscheibe, ist häufig Folge eines solchen Streulichtes. Auch für das Sicherheitsbedürfnis vieler Fische wirkt sich über die Sichtscheibe einfallendes Licht negativ aus. Vor dem Aquarium stehende Betrachter werfen sich ständig bewegende Schatten, die oft zu panischen Fluchtreaktionen der Pfleglinge führen. Läßt sich im Raum kein günstiger Platz finden, so ist zu erwägen, ob zu bestimmten Tages-oder Jahreszeiten Abhilfe durch das Anbringen einer Jalousie geschaffen werden kann. Wichtig für die Aufstellung des Aquariums sind natürlich auch die Fragen der technischen Handhabung, d.h. vor allem ein gut erreichbarer elektrischer Anschluß. Sämtliches technische Zubehör sollte so untergebracht werden können, daß ein problemloser Zugang möglich ist.

Dekoratives Meerwasseraquarium

Die Wasserbewegung im Meerwasseraquarium

Warum ist im Meerwasseraquarium eine große Wasserbewegung notwendig?

Welche Pumpen kann ich im Meerwasseraquarium einsetzen?

Wie befestige ich Strömungspumpen?

Wie erzeuge ich eine optimale Wasserbewegung?

Fühlhornkorallen benötigen eine gute Wasserbewegung.

Die Wasserbewegung im Meerwasseraquarium

Warum ist im Meerwasseraquarium eine große Wasserbewegung notwendig?

Wasserbewegung ist eine der wichtigsten Voraussetzungen für das Leben im Meer. Die Bewegung sorgt für eine Sauerstoffanreicherung und für das Herandriften von Nahrung für festsitzende Planktonfresser. Gleichzeitig wird dafür gesorgt, daß sich im Meer aufgewirbelte Sedimente und Mikroalgenbeläge nicht auf den Korallen und anderen sessilen Tieren ablagern können, sondern in tiefere Wasserschichten absinken bzw. fortgespült werden. Einige Weichkorallen befreien sich von aufwachsenden Algen, indem sie sich ähnlich wie Reptilien von Zeit zu Zeit häuten. Dieser Prozeß wird ebenso durch die Strömungen im Meer und auch im Aquarium unterstützt. Das Kleinklima um eine Koralle bleibt immer recht konstant, da ständig dafür gesorgt wird, daß überschüssige, abgegebene Gase und Mineralstoffe wegdriften sowie notwendige, für die Aufnahme geeignete herangeführt werden. Die Wasserbewegung fördert außerdem den Gasaustausch, also die Atmung und damit den Energiestoffwechsel vieler wirbelloser Meerestiere. Eine Reihe von Organismen hat sich allerdings im Laufe der Entwicklung an ein Phänomen anpassen müssen, das im krassen Widerspruch zu den eben beschriebenen Zuständen steht. Es sind die durch die Gezeiten wechselnden Wasserstände bei Ebbe und Flut. Es gibt nicht wenige Wirbellose, die bei Ebbe über Stunden trocken liegen oder nur hin-und wieder vom Spritzwasser einer sich brechenden Welle befeuchtet werden. Zurückgezogen in ihre Kalkpanzer überstehen das diese Korallen wie eine Gehäuseschnecke im Sommerschlaf. Die Bedingungen von Ebbe und Flut sind wohl nur mit riesengroßem technischen Aufwand im Aquarium zu realisieren; die Kenntnis der Biologie jener Meerestiere trägt aber zum Verständnis essentieller Lebensbedürfnisse bei.

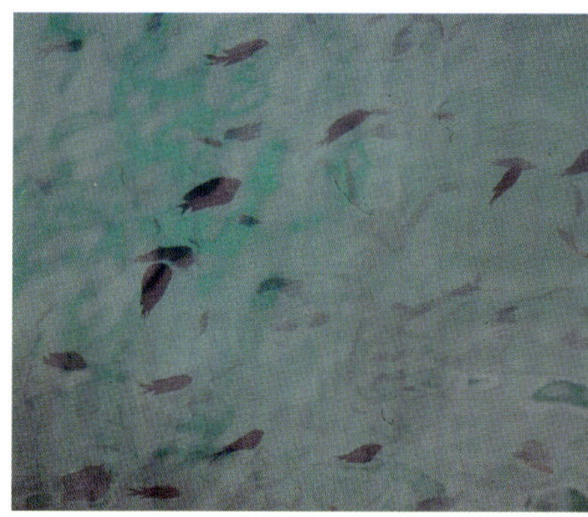

Die Wasserbewegung im Meerwasseraquarium

Welche Pumpen kann ich im Meerwasseraquarium einsetzen?

Strömungspumpe

Der in der Meerwasseraquaristik gegenwärtig gebräuchlichste Pumpentyp ist die Tauchkreiselpumpe mit Synchronpermanentmotor. Diese nur fast vollständig ins Wasser eingetaucht funktionierenden Pumpen lassen sich mit etwas Geschick so plazieren, daß sie optisch nicht störend wirken. Das Wasservolumen des Aquariums sollte von den verwendeten Pumpen etwa zehnmal pro Stunde umgewälzt werden. Diese Faustformel hat sich als äußerst zweckmäßig erwiesen. Letztendlich richtet sich dieser Wert nach den zu pflegenden Tieren. In reinen Fischaquarien oder für Behälter, in denen Fische mit anspruchslosen Wirbeltieren vergesellschaftet werden, kann die Leistung auch geringer sein. Sie muß sogar z. B. in Spezialaquarien mit Seepferdchen relativ schwach sein. Natürlich können für Meeresaquarien auch Pumpen eingesetzt werden, deren Pumpenkörper über dem Wasser liegen muß. Ihr Nachteil besteht darin, daß man sich regelmäßig um ihren Schutz vor „kriechendem" Salz durch Spritzwasser bemühen muß. Daß man sie meist gut in ihrer Drehzahl verändern kann, ist eine vorteilhafte Möglichkeit, die Wasserbewegung zu optimieren. Pumpen lassen sich auch völlig außerhalb des Aquariums anbringen. Ihre Verbindung zum Aquarium besteht aus einem Rohrleitungssystem. Solche Pumpen werden z.B. häufig eingesetzt, um eine effektive Durchströmung der Abschäumer (s. S. 50 ff.) zu erreichen. Auch bei einigen Filtersystemen finden derartige Pumpen Anwendung. Grundsätzlich ist es wichtig, sich über die Meerwassertauglichkeit der eingesetzten Pumpen zu informieren.

Tetra*tec* Luftpumpe

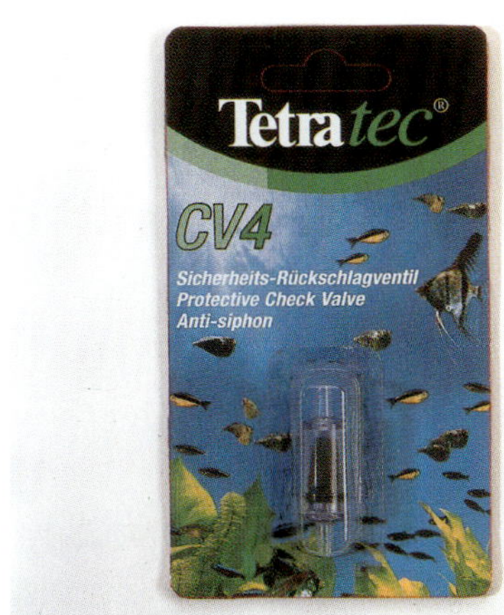

Tetra*tec* Rückschlagventil

Wie befestige ich Strömungspumpen?

Strömungspumpen müssen einerseits für die Wartung einfach zugänglich sein. Andererseits sollen sie so angebracht werden, daß sie optisch im Aquarium nicht störend wirken. Man kann sie deshalb nicht einfach mit Dekorationsmaterial kaschieren, weil sonst Kontrolle und Wartung mühselig würden und immer zu Störungen im sich entwickelnden System führen. Um diese Kriterien zu erfüllen, bedarf es seitens des Pflegers etwas Phantasie und Geschick. Wenn man sich durch gründliche Planung über den Standort der Pumpen klar geworden ist, können beim Bau des Aquariums Befestigungsmöglichkeiten berücksichtigt werden. Häufig entstehen Unterbringungsprobleme für die Strömungspumpen, weil der Hersteller des Aquariums aus Festigkeitsgründen Verstrebungen am Aquarienrand anbringt. Diese Verstrebungen können aber in den meisten Fällen so angeordnet werden, daß Lücken für die Befestigung von Pumpen entstehen. Die Stabilität des Aquariums wird dadurch nicht beeinflußt. Die Pumpen lassen sich auf diese Weise hervorragend aus den Aussparungen zur Wartung entfernen, ohne an der Dekoration Veränderungen vornehmen zu müssen.

Strömungspumpen

Die Wasserbewegung im Meerwasseraquarium

Wie erzeuge ich eine optimale Wasserbewegung?

Grundsätzlich sei gesagt: Eine für alle Tiere optimale Wasserbewegung zu gestalten, ist kaum realisierbar! Dieses liegt an den unterschiedlichen Ansprüchen (gerade im Hinblick auf ein Riffaquarium) der gleichzeitig in einem Aquarium gepflegten Tiere. Es wird daher notwendig sein, die Strömungsverhältnisse im Aquarium so zu nutzen, daß den Tieren entsprechend ihren Anforderungen der optimale Platz zugedacht wird. Die Pumpenleistung muß auf wenigstens zwei Pumpen aufgeteilt werden. Das Wasser darf also nicht nur in eine Richtung strömen. Verwirbelungen sind erwünscht und strömungsfreie Zonen sollten vermieden werden. Die Dekoration spielt dabei eine wichtige Rolle, da bei geschickter Gestaltung die Strömungsverhältnisse gut beeinflußt werden können. Einige Pumpentypen eignen sich für den Einsatz von Intervallgeräten. Mit diesen Intervallgeräten können die Pumpenleistungen variiert und wechselseitige Strömungen erzeugt werden. Die Wasserbewegung wird hierdurch noch verbessert und den natürlichen Bedingungen eines Riffs, das ja den Gezeitenstömungen unterliegt, angeglichen.

Die Beleuchtung des Meerwasseraquariums

Warum ist die Beleuchtung eines Meerwasseraquariums so wichtig?

Welche Lichtquellen eignen sich für ein Meerwasseraquarium?

Wie beleuchte ich ein Meerwasseraquarium richtig?

Beleuchtung mit Halogenstrahlern?

Beleuchtungsanlage kaufen oder selber bauen?

Wie lange soll das Aquarium beleuchtet werden?

Wie häufig müssen Leuchtmittel gewechselt werden?

Die Beleuchtung des Meerwasseraquariums

Warum ist die Beleuchtung eines Meerwasseraquariums so wichtig?

Höchste Ansprüche an die Beleuchtung in der Meerwasseraquaristik stellen riffbildende Korallen. Die meisten unserer tropischen Pfleglinge kommen aus relativ flachen, sonnendurchfluteten Bereichen der Korallenriffe. Viele Korallen leben mit einzelligen Algen, den Zooxanthellen, in Symbiose. Für die Algen und damit auch für die Korallen ist das Licht lebensnotwendig. Bei einem großen Teil der im Aquarium gepflegten Arten ist diese Lebensgemeinschaft so gut entwickelt, daß sich eine zusätzliche Planktonnahrung nicht erforderlich macht. Die Zooxanthellen leben im Körpergewebe der Korallen. Sie führen eine Photosynthese analog den höheren Pflanzen durch. Die anfallenden Stoffwechselprodukte werden zwischen den Algen und den Korallen ausgetauscht. Sterben die Zooxanthellen, so verhungert die Koralle. Nun gibt es Korallenarten, die im Korallenriff unter Überhängen und abgeschatteten Bereichen oder auch in tieferen Regionen leben. Diese Arten sind auf Plankton angewiesen und daher für die Haltung im normalen Aquarium ungeeignet. Für sie ist ein Spezialaquarium und viel pflegerische Erfahrung notwendig. Ähnlich, wie bei den Strömungsverhältnissen erläutert, werden durch Dekorationsgestaltung im Aquarium unterschiedliche Lichtintensitäten auftreten. Hier sind erneut Geschick und Kenntnisse über die natürlichen Lebenserfordernisse von Wirbellosen und Fischen erforderlich. Ein Riffausschnitt umfaßt eben auch unterschiedliche Helligkeitsbereiche, die bei der Dekoration des Aquariums von vornherin berücksichtigt werden müssen. Die Steinaufbauten lassen sich gut einerseits für Schattendeckung und andererseits als Strömungsregulatoren einsetzen.

Die Beleuchtung des Meerwasseraquariums

Welche Lichtquellen eignen sich für ein Meerwasseraquarium?

Für die Praxis der Meeresaquaristik haben sich Leuchtmittel mit tageslichtähnlichen Spektren bewährt. Bis zu einer Aquarienhöhe von 50 cm sind Leuchtstoffröhren einsetzbar. Ist der Wasserstand im Aquarium höher oder will man besonders lichtbedürftige Steinkorallen pflegen, wird man HQI-Strahler auswählen. Diese Korallen leben in der Natur in den flachsten Riffbereichen. Die Lichtintensität der Leuchtstofflampen reicht dann nicht mehr aus, um die notwendige Assimilationstätigkeit der Zooxanthellen im erforderlichen Maße zu erhalten. Im Meer wird das ins Wasser einfallende Sonnenlicht in seinen Spektralanteilen mit zunehmender Tiefe unterschiedlich absorbiert. Schon in 5 m Wassertiefe ist der Rotanteil vollständig ausgefiltert. Der kurzwellige Blauanteil ist jedoch auch noch in größeren Tiefen vorhanden. Um den Blauanteil im Licht zu verstärken, haben sich in der Meerwasseraquaristik in den letzten Jahren Leuchtstoffröhren mit stark blauem Spektralanteil als Kombination zu den HQI-Strahlern und Tageslichtleuchtstoffröhren bewährt. Diese Blaulichtröhren lassen sich zudem gut als Dämmerungsbeleuchtung nutzen. Sie simulieren eine Stunde vor dem Einschalten und eine Stunde nach dem Ausschalten der Tageslichtlampen Sonnenauf- und -untergang. Der sonst abrupte Lichtwechsel beim Ein-und Ausschalten der Beleuchtung wird hierdurch vermieden. Spezielle Pflanzenwachstumslampen, wie sie teilweise in der Süßwasseraquaristik eingesetzt werden, sollten wegen der Förderung eines starken Algenwachstums nicht benutzt werden. Als Typen für die Blaulicht-Leuchtstofflampen können z.B. TL 03 oder TL 18 (Philips), L 67 (Osram) oder Thorn T 10 eingesetzt werden. Die HQI-Strahler werden unter der Lichtfarbe „Daylight“ gehandelt; man erhält sie von 70 bis 3500 Watt. Natürlich ist die Entwicklung der Beleuchtungstechnik für die Meerwasseraquaristik noch lange nicht abgeschlossen. Von Herstellern auf den Markt gebrachte Neuerungen werden zum Experimentieren anregen. Die Praxis wird zeigen, ob die Neuentwicklungen weitere Verbesserungen beinhalten.

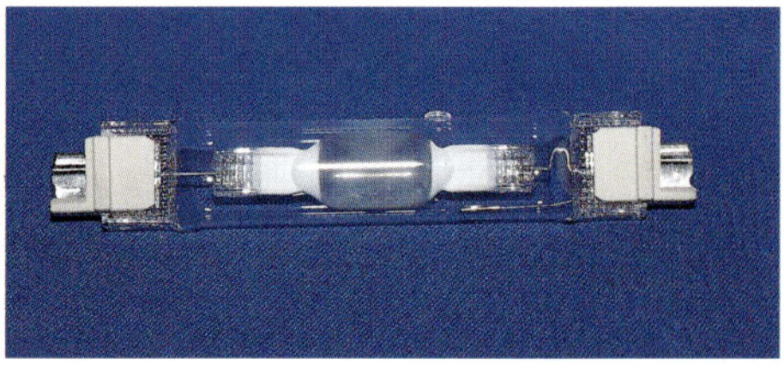

HQI-Brenner

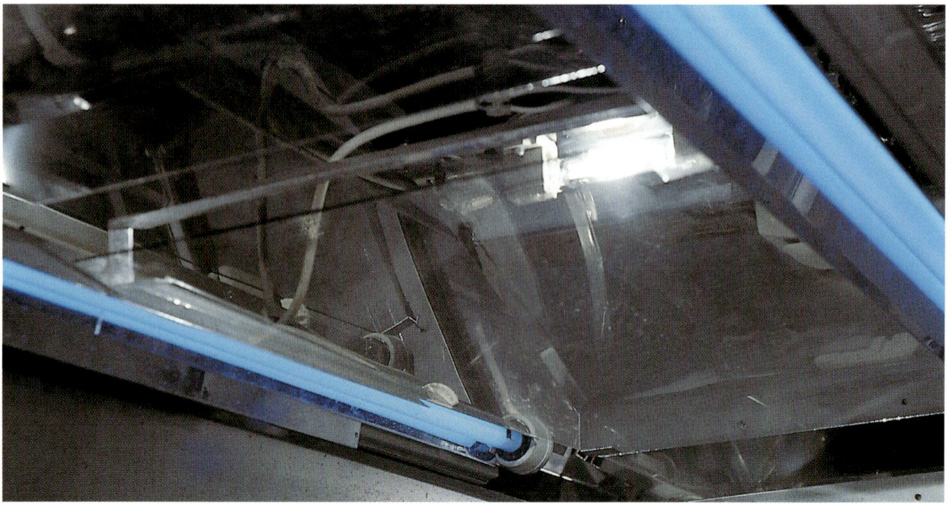

Aquarium mit HQI-Beleuchtung

Die Beleuchtung des Meerwasseraquariums

Wie beleuchte ich ein Meerwasseraquarium richtig?

Für die Wahl der Beleuchtungsstärke ist es also entscheidend, welche Tiere gepflegt werden sollen. Zwischen den Extremen, lichthungrige Flachwasserkorallen einerseits und pigmentarme Nesseltiere ohne Zooxanthellen (Blumentiere) andererseits, spreizt natürlich genauso der Aufwand für die erforderliche Beleuchtung. Es können deshalb nur Erfahrungswerte angegeben werden, die für bestimmte Aquarien mit ihren Pfleglingen erfolgreich waren. Da in den meisten Fällen Riffaquarien mit in ihren Lichtansprüchen unterschiedlichen Tieren gehalten werden, sind diese Werte jedoch Orientierungsgrößen. In einem Aquarium der Autoren von 150 x 80 x 60 cm (LxHxB) befindet sich ein solcher gemischter Besatz von Steinkorallen, Lederkorallen, Weichkorallen, Krusten-und Scheibenanemonen und diversen höheren Algen. Von den Steinkorallen sind sowohl riffbildende Arten, als auch Solitärkorallen vorhanden. Das Aquarium ist mit zwei HQI-Strahlern TS 250 W Daylight beleuchtet. Dazu werden noch je zwei blaue Leuchtstoffröhren (18 W und 36 W) eingesetzt. Der Abstand der HQI-Strahler zur Wasseroberfläche beträgt 30 cm. Zwischen den Brennern und der Wasseroberfläche befindet sich im Abstand von 12 cm zu den Brennern eine Glasscheibe. Sie filtert die von den HQI-Strahlern abgegebene UV-Strahlung und schützt die Lampen gleichzeitig vor Spritzwasser. Die HQI-Strahler müssen unbedingt mit einer Filterscheibe betrieben werden, da der hohe UV-Anteil des ungefilterten Lichts die Korallen und die Augen des Aquarianers schädigen würde. Die Leuchtstofflampen sind um die HQI-Strahler angeordnet. Alle Leuchtmittel sind mit hochglanzpolierten Aluminiumreflektoren ausgestattet.

HQI-Strahler müssen sicherheitshalber stets abgedeckt mit einer Filterscheibe betrieben werden.

Die Beleuchtung des Meerwasseraquariums

Beleuchtung mit Halogenstrahlern?

Mit Halogenstrahlern als Leuchtmittel über einem Meerwasseraquarium wurde noch relativ wenig experimentiert. Ein solches Experiment ist den Autoren von einem Riffbecken (240 x 70 x 70 cm) bekannt. Hier werden neben zwei HQI-Strahlern von 150 Watt, vier Blaulichtleuchtstofflampen (1 x 58 Watt, 3 x 18 Watt) zusätzlich einige Halogenstrahler verwendet, mit denen attraktive Lichteffekte erzielt werden. In drei Kreisen zu je acht Lampen sind über diesem Aquarium also 24 Halogenstrahler mit je 20 Watt und einem Abstrahlwimkel von 30° installiert. Das Aquarium befindet sich in einem sehr guten Zustand. Bemerkenswert ist, daß es beim Einsatz dieser Beleuchtung trotz des hohen Rotanteils nie Algenprobleme gegeben hat. Nicht unerwähnt sollte aber bleiben, daß man wegen der Wärmeentwicklung für eine gute Ventilation sorgen muß.

Die Beleuchtung des Meerwasseraquariums

Beleuchtungsanlage kaufen oder selber bauen?

Der Fachhandel bietet eine bemerkenswert große Palette an Beleuchtungsmitteln für Meerwasseraquarien an, die in der Regel für offene Aquarien konzipiert sind. Bevorzugt man allerdings einen geschlossenen Aquarienaufbau, so bietet sich für handwerklich geschickte Aquarianer der Bau eines Deckkastens an, in den die Beleuchtungsanlage eingebracht werden kann. Um eine optimale Ausleuchtung des Aquariums zu erreichen, haben sich hochpolierte Metallspiegel als Reflektoren bewährt. Bei der Konstruktion eines solchen Beleuchtungskastens ist zu berücksichtigen, daß durch die hohen Lichtstärken auch sehr viel Wärme produziert wird. Daher müssen ausreichend große Lüftungsschlitze bzw. ein Niedervolt-Ventilator vorgesehen werden. Es ist wohl selbstverständlich, daß alle elektrischen Installationen nur von einem Fachmann ausgeführt werden sollten.

Selbstgebaute Leuchte für ein Meerwasseraquarium

Die Beleuchtung des Meerwasseraquariums

Wie lange soll das Aquarium beleuchtet werden?

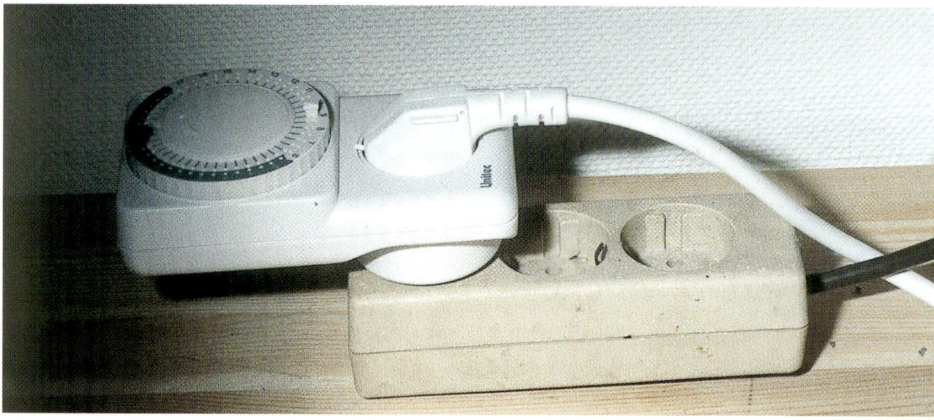

Elektronische Schaltuhr

Der natürliche Wechsel von Tages-und Nachtzeit erfolgt in den Gebieten mit Korallenriffen annähernd im 12-Stunden-Takt. Die Dämmerungsphasen sind relativ kurz. Die Sonne steht aber nicht die ganze Zeit im Zenit, sondern sie wandert. Diesen natürlichen Bedingungen entsprechend werden in der Meeresaquaristik Riffaquarien etwa 12 Stunden lang beleuchtet. Die Blaulicht-Leuchtstofflampen setzt man zur Dämmerungsbeleuchtung ein, d.h., sie sollten ca. eine Stunde vor dem Einschalten und eine Stunde nach dem Ausschalten abrupte Lichtwechsel verhindern. Wird das gesamte Aquarium mit Leuchtstofflampen beleuchtet, dann ist es günstig, jede einzelne Lampe über eine Schaltuhr versetzt zu regulieren. Das trifft auch für die HQI-Strahler zu. Selbst in Fischaquarien sind solche Dimmerschaltungen sinnvoll, da auf diese Weise schreckhaftes Verhalten dieser Pfleglinge vermieden wird. Ein Fischaquarium kommt dabei durchaus mit Beleuchtungszeiten von 9 bis 10 Stunden aus. Bei Kaltwasseraquarien sollte man im Wechsel der Jahreszeiten die Beleuchtungszeit entsprechend variieren. Den gepflegten Tieren hilft dieser wechselnde Rhythmus, um sich auch den Veränderungen der Wassertemperatur anzupassen. Die Beleuchtungsdauer und ihr Wechsel wirkt sich übrigens stark auf die Fortpflanzungsbiologie vieler Meerestiere aus und ist das Geheimnis so manchen Zuchterfolges.

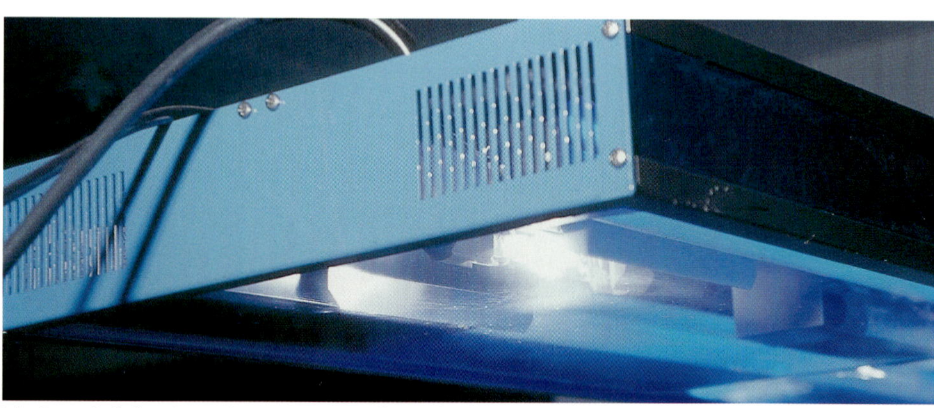

Nachts wird das Aquarium mit speziellem Blaulicht beleuchtet.

Die Beleuchtung des Meerwasseraquariums

Wie häufig müssen die Leuchtmittel gewechselt werden?

Leuchtstofflampen und HQI-Brenner altern, d.h., sie verlieren an Strahlungsintensität. Dieser Verschleiß ist in der Regel nur schwer mit den eigenen Augen zu erfassen, da sich diese an den langsam fortschreitenden Qualitäts-und Quantitätsverlust gewöhnen. Dennoch haben HQI-Strahler nach einem Jahr bei 12 Stunden Brennzeit pro Tag 40 bis 50 % ihrer Leuchtkraft verloren, Dreibanden-Leuchtstofflampen hingegen nur ca. 10 %. Es ist daher von Vorteil, sich Notizen darüber zu machen, wann der nächste Lampenwechsel fällig ist. HQI-Lampen sind deshalb im Jahresrhythmus auszuwechseln. Dieser Wechsel sollte aber auf keinen Fall abrupt bei allen Lampen gleichzeitig durchgeführt werden. Die plötzliche Zunahme der Lichtintensität würde manche Blumentiere und selbst die lichthungrigsten Steinkorallen schädigen. Man verteilt den Wechsel der Lampen daher auf mehrere Wochen. Bei vollständigem Wechsel der Lampen kann eine Abschirmung durch Gaze oder andere geeignete Materialien den Tieren helfen, sich den veränderten Bedingungen allmählich anzupassen. Die letztere Methode wird auch erfolgreich beim Neueinsetzen von erworbenen Korallen angewendet. Die neuen Korallen können sich dann besser akklimatisieren, da sie während des Transportes mitunter einen Großteil ihrer Zooxanthellen sowie UV-Schutzpigmente eingebüßt haben.

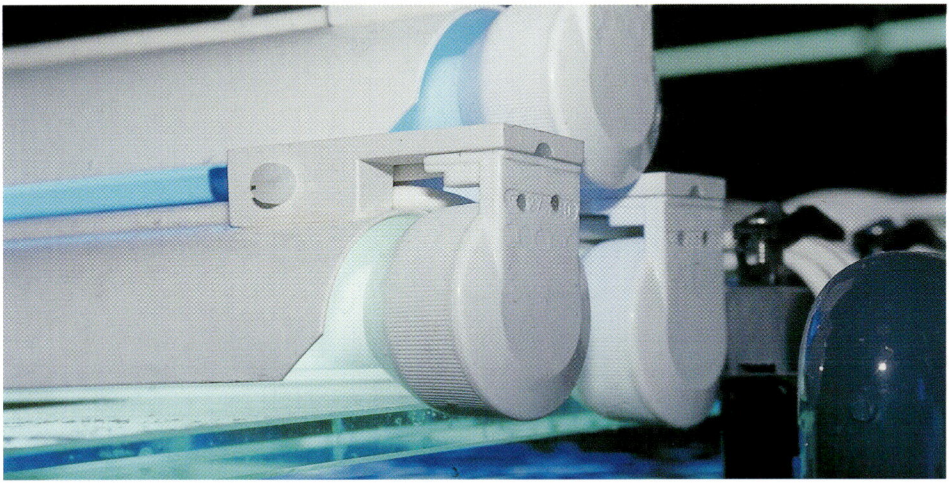

Die Filterung des Meerwasseraquariums

Welche mikrobiologischen Vorgänge laufen im Aquarium ab?

Was versteht man unter Nitrifikation und Denitrifikation?

Welche Filtertypen können in der Meerwasseraquaristik eingesetzt werden?

Wie funktionieren Innenfilter?

Wie funktionieren Kammerfilter?

Wie funktionieren Rieselfilter?

Wie funktioniert eine Filterwand?

Wie funktionieren Topffilter?

Wie funktionieren Nitratfilter?

Welche Filtermaterialien sind einsetzbar?

Wie pflege ich Filter?

Kann ich ein Meerwasseraquarium ohne Filter betreiben?

Wie entferne ich Phosphat aus dem Meerwasser?

Die Filterung des Meerwasseraquariums

Welche mikrobiologischen Vorgänge laufen im Aquarium ab?

In einem biologisch eingefahrenen Aquarium leben viele Mikroorganismen. Die meisten dieser Lebewesen ernähren sich überwiegend von organischer Substanz, die vor allem von Ausscheidungen der Fische und Wirbellosen sowie von Futterresten stammen. Dabei verwandeln sie gelöste, aber auch ungelöste Stoffe unter Sauerstoffverbrauch in Mineralstoffe (z.B. in Wasser, Kohlendioxid, Nitrat, Phosphat, Sulfat usw.). Dabei werden auch Mineralstoffe freigesetzt (z.B. Kalium, Calcium, Magnesium, Natrium usw.). Die Vermehrung dieser Mikroorganismen ist abhängig vom Nahrungsangebot. Sie besiedeln Oberflächen in Aquarium und Filter. Die Mehrzahl von ihnen bevorzugt eine starke bis mäßige Strömung mit sauerstoffreichem Wasser. Im Aquarium fallen Eiweiße (Proteine) von Futterresten, aber auch Harnstoff und Ammonium von den Ausscheidungen der Fische an. Das Ammonium wird mit Sauerstoff über Nitrit in Nitrat umgewandelt. Beim bakteriellen Abbau entstehen auch sogenannte Gelbstoffe (Fulvosäuren). Sie färben das Wasser, hemmen die Lichtversorgung der Wirbellosen und sollten deshalb regelmäßig entfernt werden. Ebenfalls negativ wirkt sich erhöhter Phosphatgehalt auf die Lebensvorgänge der gepflegten Tiere und dekorativen Algen aus. Die unerwünschten Blaualgen, die in der Meerwasseraquaristik häufig in einer rot gefärbten Form (rote Schmieralgen) auftreten, explodieren geradezu in ihrer Entwicklung in phosphatreichem Wasser.

Die Filterung des Meerwasseraquariums

Was versteht man unter Nitrifikation und Denitrifikation?

Die Umwandlung von Ammonium über die Zwischenstufe Nitrit zum Nitrat wird als Nitrifikation bezeichnet. Im Meerwasser mit seinem alkalischen pH-Wert entsteht ebenso Ammoniak. Bei einem pH-Wert von 8,0 entstehen infolge einer Gleichgewichtsreaktion ca. 4 % Ammoniak und 96 % Ammonium. Sowohl Ammoniak, als auch Nitrit sind für Fische und Wirbellose bereits in geringen Konzentrationen lebensbedrohliche Gifte. Die Endstufe Nitrat ist zwar kein direktes Fischgift, wie es die gefährlichen Zwischenprodukte Ammoniak und Nitrit sind. Nitrat hemmt aber in höheren Konzentrationen Entwicklung und Wachstum der Zooxanthellen sowie das Wachstum von im Aquarium gewünschten höheren Algen. Ein Teil des Nitrates wird von den Algen verbraucht bzw. in ihnen aufkonzentriert und gespeichert. Viele Gruppen der marinen Wirbellosen können von zu hohen Nitratwerten Schäden erleiden; das gilt insbesondere für viele Steinkorallen. Höhere Konzentrationen gilt es also zu vermeiden, insbesondere durch maßvolle Besetzung des Aquariums mit Fischen und die damit verbundene maßvolle Fütterung. Eine Entfernung von Nitrat aus dem Aquarium ist nicht einfach. Bei der Denitrifikation wird Nitrat von sogenannten anaeroben Bakterien in seine Bestandteile Sauerstoff und Stickstoff zerlegt. In einem Meerwasseraquarium ist dieser natürliche Vorgang nicht ausreichend realisierbar. Er erfolgt unter anderem in den lebenden Steinen, wo sich diese Bakterien angesiedelt haben. Es können aber auch spezielle Nitratfilter eingesetzt werden.

Eine so große Dichte von Fischen, wie sie in der Natur stellenweise vorzufinden ist, wäre im Meerwasseraquarium undenkbar.

Die Filterung des Meerwasseraquariums

Welche Filtertypen können in der Meerwasseraquaristik eingesetzt werden?

Grundsätzlich können alle in der Süßwasseraquaristik benutzten Filtertypen auch in der Meeresaquaristik eingesetzt werden. Natürlich muß darauf geachtet werden, daß die verwendeten Filtersubstrate auch meerwassertauglich sind (z.B. kein Lavakies verwenden!). Das ist auch bei der Verwendung von Schaumstoffen wichtig. Natürlich dürfen Filtersubstrate, die in der Süßwasseraquaristik helfen, Wasser anzusäuern, wie z.B. Filtertorf, auf keinen Fall benutzt werden. Mit einem Filter versucht man, die im vorigen Abschnitt beschriebenen mikrobiologischen Vorgänge zu begünstigen, zu konzentrieren und zu beschleunigen. Den Bakterien wird dazu eine möglichst große Oberfläche zur Besiedelung geboten. Das über das Filtermaterial geleitete Wasser sollte mäßig stark fließen, damit die Bakterien sowie die von ihnen ausgeschiedenen Enzyme nicht weggespült werden und ein optimaler Abbau stattfinden kann.

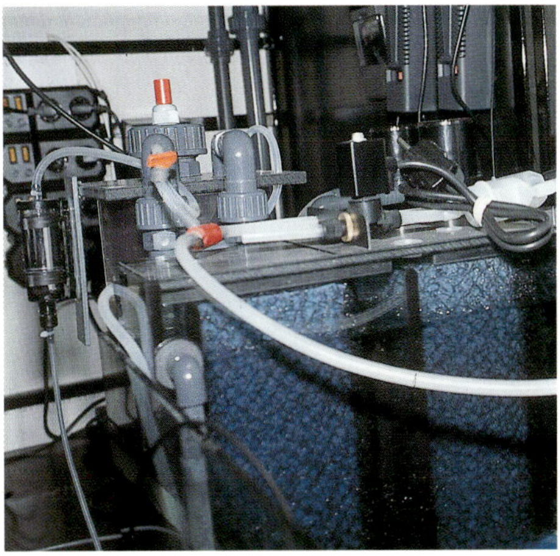

Die Filterung des Meerwasseraquariums

Wie funktionieren Innenfilter?

Im Handel wird eine Vielzahl von Innenfiltern angeboten, bei denen eine Kreiselpumpe mit einer leicht auswechselbaren Filterpatrone kombiniert ist. Wegen der sehr geringen Filteroberfläche und dem danach starken Wasserstrom sind derartige Filter nur für kleinste Aquarien geeignet oder sie werden vordergründig nur zur Wasserbewegung eingesetzt. Da sich das kleinflächige Filtermaterial viel zu schnell zusetzt, ist seine eigentliche Funktion nur eine Schnellfilterung von Grobpartikeln. Ein Einlaufen, d.h., ein Besatz mit Bakterien ist kaum ausreichend zu realisieren, da ständige Reinigungen des kleinen Filterschwammes wegen der nachlassenden Filterleistung notwendig sind und das kontinuierliche Gedeihen einer Bakterienkultur verhindern. Als rein mechanisch wirkende Filter können jedoch auch an Tauchkreiselpumpen angeschlossene Watte- oder Schaumstoffpatronen (Schnellfilter) eingesetzt werden. Auch bei ihnen, die für ein kristallklares Wasser sorgen, ist eine häufige Säuberung erforderlich.

Die Filterung des Meerwasseraquariums

Wie funktionieren Kammerfilter?

Kammerfilter lassen sich im Aquarium integrieren, werden aber häufig außerhalb angebracht, um das gesamte Aquariumvolumen plus Filtervolumen nutzen zu können. Im Handel werden verschiedene Kammerfiltersysteme angeboten. Geschickte Bastler entwickeln aber auch verschiedene Eigenbausysteme. Derartige Filter bestehen aus mehreren hintereinanderliegenden Kammern, durch die der Wasserstrom geleitet wird. Es ist sinnvoll, die erste Kammer als Schmutzpartikelabscheider (Vorfilter) zu benutzen. Dieses Prinzip findet man fast bei allen Kammerfiltern. Die weiteren Kammern werden mit porösen Filtersubstraten gefüllt, die den Bakterien eine möglichst große Besiedlungsoberfläche bieten. Wichtig ist eine ausreichende Kammergröße, um unproblematisch Reinigungen vornehmen zu können und um ein rasches Verstopfen des Filtermaterials zu verhindern. Die Kammern dürfen also nicht zu eng bemessen sein. Korallenkies von 10 mm Körnung oder grober hat sich als Langzeitsubstrat bewährt.

Die Filterung des Meerwasseraquariums

Wie funktionieren Rieselfilter?

Beim Rieselfilter befindet sich das Filtermedium nicht unter Wasser, sondern es wird vom herabrieselnden Wasser lediglich benetzt. Als Substrat dienen sogenannte Kunststoffigel, die eine sehr große äußere Oberfläche besitzen. Dem System wird von unten im Gegenstrom Luft zugeführt. Durch die große mit Bakterien besetzte Besiedlungsoberfläche und die intensive Sauerstoffversorgung erreicht man einen besonders raschen Nitrifikationsprozeß. Ein Nachteil vieler der oft relativ hochpreisigen im Zoofachhandel erhältlichen Rieselfilter besteht in der häufig sehr hohen Verdunstungsrate.

Die Filterung des Meerwasseraquariums

Wie funktioniert eine Filterwand?

Mit geeignetem Filterschaumstoff kann man eine 5 bis 6 cm dicke Filterwand parallel zu einer Seitenwand im Abstand von wenigen Zentimetern im Aquarium installieren. Zwischen Seitenscheibe und Schaumstoff wird eine Kreiselpumpe angebracht, die das Wasser in Oberflächennähe durch eine Bohrung in der Matte ins Aquarium zurückpumpt. Der Wasserzufluß erfolgt zunehmend gleichmäßig über die gesamte Fläche dieser Schaumstoffwand. Durch den optimalen Besatz mit Bakterien aufgrund seiner großen Oberfläche, der niedrigen Fließgeschwindigkeit und einer guten Sauerstoffversorgung arbeitet so ein biologischer Filter sehr wirkungsvoll und effizient. Obwohl der Filterschaumstoff durch Besiedelung mit mannigfaltigen Organismen bald optisch nicht mehr negativ auffällt, gibt es bei der Dekoration von Riffaquarien das Problem, daß die Filterwand in bestimmten Abständen abgesaugt werden muß, damit sie sich nicht vollständig zusetzt. Es empfiehlt sich daher ein genügend großer Abstand zwischen Filterwand und Dekoration.

Die Filterung des Meerwasseraquariums

Wie funktionieren Topffilter?

Topffilter sind geschlossene Filtersysteme. Eine meist am Deckel des Filtertopfes installierte Motorpumpe sorgt für den Umlauf des Wassers. Der Filtertopf hat im Verhältnis zur Förderleistung der Pumpe ein viel zu geringes Volumen. Solche Filter müssen daher in kurzen Zeitabständen gereinigt werden, wodurch eine dichte Besiedlung von abbauaktiven Mikroorganismen kaum möglich ist. Mit Aktivkohle bestückt, lassen sich jedoch (kleine) Topffilter recht gut zur Entfernung von Gelbstoffen einsetzen.

Wie funktioniert ein Nitratfilter?

Die bisherigen Filtertypen führen in ihren Umsetzungsprozessen nur bis zur Endstufe Nitrat. Beim Vorgang der Denitrifikation wird in sauerstofffreien Zonen von bestimmten Bakterienarten vom Nitrat der Sauerstoff abgespalten. Es entsteht gasförmig aus dem Wasser entweichender Stickstoff. Er ist völlig ungefährlich. Solche sauerstoffarmen Zonen, die diese Bakterien als Lebensraum unbedingt benötigen, lassen sich in den beschriebenen Filtertypen ohne Gefährdung des Gesamtsystems nur unzureichend realisieren. Derzeit werden im Fachhandel verschiedene Nitratfilter angeboten. Sie werden meist als Bypass zu einem anderen Filtersystem betrieben, da die Bakterien sehr langsame Fließgeschwindigkeiten benötigen. Die Bakterien werden mit Alkohol, Milchzucker oder Paraffin gefüttert. Funktionstüchtige Nitratfilter sind sehr teuer. Ein Anfänger sollte sich hüten, Filter ohne Redoxelektrode und Magnetventil zu betreiben, um Geld zu sparen. Wird zuviel Bakteriennahrung verabreicht, kann es rasch zur Überfütterung der Bakterien und damit zur Bildung von giftigem Schwefelwasserstoff kommen, eine lebensbedrohliche Gefahr für den gesamten Tierbestand im Aquarium.

Nach langen Einlaufzeiten des Filters findet auch in solchen Materialien die Denitrifikation statt.

Die Filterung des Meerwasseraquariums

Welche Filtermaterialien sind einsetzbar?

Filterigel

Zur mechanischen Vor- bzw. Schnellfilterung sind Perlonwatte und Filterschaumstoff (meerwasserfest!) gut geeignete Materialien. Für die Besiedelung mit Bakterien (Biofilter) eignen sich Filtermaterialien mit großer Oberfläche. Poröser Korallenbruch erfüllt diese Eigenschaften und wird am häufigsten verwendet. Im Gegensatz zu kalkfreien Substraten hat Korallenbruch den großen Vorteil, einen Großteil der beim Eiweiß- und Harnstoffabbau anfallenden Salpetersäure an Ort und Stelle zu neutralisieren, was die Pufferkapazität des Meerwassers schont. Außerdem findet im Kalksubstrat durch bakteriell gebildete Kohlensäure eine – wenn auch begrenzte – Lösung von Kalziumkarbonat statt. Auch industriell hergestellte Sinterglasmaterialien werden eingesetzt. Die in der Vergangenheit häufig benutzten Tonröhrchen haben dagegen eine viel zu geringe, glatte Oberfläche. Dadurch ist ihre Besiedlungsfähigkeit eingeschränkt. Auch die für Rieselfilter konzipierten Kunstoffigel (Bioballe) sind wegen ihrer zu glatten Plastikoberfläche für untergetauchte Filtersysteme weniger geeignet. Für den Bau einer Filterwand sollte der im Handel befindliche blaue Filterschaumstoff mit einer nicht zu geringen Porengröße verwendet werden. Benutzt man Aktivkohle, um z.B. mittels mechanischer Filterung Gelbstoffe zu entfernen, ist unbedingt auf Qualität zu achten. Billig-Aktivkohlen können nicht selten Phosphate und giftige Schwermetalle abgeben. Eventuelles Sparbemühen verkehrt sich dann ins Gegenteil.

Filterkohle

Die Filterung des Meerwasseraquariums

Wie pflege ich Filter?

Die Wirksamkeit eines Biofilters hängt außer von seinem Bau- und Funktionsprinzip wesentlich von seiner Pflege ab. Eine regelmäßige Wartung und Reinigung ist notwendig. Keinesfalls sollten die Filtersubstrate aber einer Totalreinigung unterzogen werden. Das würde die wertvollen Bakterienkulturen vernichten, die danach wieder mühsam aufgebaut werden müssten. Ein teilweises Auswaschen mit Aquarienwasser oder ein Absaugen der Filtermatte zerstört die Bakterienflora nicht, sorgt aber dafür, daß ein funktionsfördernder Wasserdurchfluß erhalten bleibt. Aktivkohle, die zur Gelbstoffentfernung eingesetzt wird, sollte in möglichst konstanten Intervallen ausgetauscht werden, wobei für die Tiere kleine Kohlemengen und kurze Intervalle verträglicher sind als große Mengen und lange Standzeiten. Erfolgte zwischenzeitlich ein Wasserwechsel, kann die mit Gelbstoffen beladene Kohle diese mitunter wieder teilweise ans Wasser abgeben.

Die Filterung des Meerwasseraquariums

Kann ich ein Meerwasseraquarium ohne Filter betreiben?

Der Einsatz von Filtern in Riffaquarien ist in letzter Zeit sehr umstritten. Eine große Zahl sehr erfolgreicher Riffaquarianer verzichtet inzwischen auf jegliche Filterung. Die Außenfilter arbeiten weiterhin im Kreislauf, allerdings ohne Filtermaterialien. Sie dienen so zur Vergrößerung des Gesamtwasservolumens. Durch Messungen konnte eindeutig bewiesen werden, daß, bedingt durch Abbauprozesse im Filter, große pH-Wertspreizungen zwischen Tag-und Nachtbetrieb auftreten. Große Schwankungen des pH-Wertes sind in der Meerwasseraquaristik äußerst problematisch. Der pH-Wert ist im Meer weitgehend konstant. Gerade in den gering belasteten Riffaquarien bietet die enorme Oberfläche an porösem Dekorationsmaterial den Bakterien genügend Siedlungsraum. Das Dekorationsmaterial stellt also einen riesigen Innenfilter dar, der obendrein wartungsfrei und zuverlässig funktioniert. Für ein filterloses Riffaquarium ist allerdings ein maßvoller Fischbestand doppelt wichtig.

Auch ein ohne Filterung betriebenes Meerwasseraquarium kann ausgezeichnet aussehen.

Die Filterung des Meerwasseraquariums

Wie entferne ich Phosphat aus dem Meerwasser?

Nitrat und Phosphat sind essentielle, also für alle Meeresorganismen lebenswichtige Verbindungen. Beide Verbindungen kommen jedoch im Meer nur in äußerst geringer Konzentration vor. Sie werden von Algen, also auch von den Zooxanthellen aufgenommen. Ein hoher Phosphatwert verschlechtert das Gesamtmilieu eines Meerwasseraquariums. Bestimmte erwünschte Algenarten wie die Zooxantellen werden im Wachstum gehemmt, andere Arten wuchern – durch hohe Phosphatwerte gefördert – unkontrolliert und bedrängen die Korallen. Phosphat behindert das Wachstum von Steinkorallen, da es das für den Skelettaufbau wichtige Kalzium bindet. Bereits bei Phosphatwerten ab 0,5 mg/l ist die Kalkbildung und damit das Wachstum von Steinkorallen beeinträchtigt. Seit einiger Zeit werden im Zoofachhandel phosphatbindende Reagenzien angeboten, die dem Aquarienwasser zugegeben werden. Das Phosphat wird chemisch ausgefällt und bildet an festen Flächen einen unlöslichen Niederschlag. Einen ähnlichen Effekt kann man mit Eisenfeilspänen, die in einem Perlonstrumpf ins Aquarium gehängt werden, erzielen.

Phosphat hindert das Wachstum solcher Steinkorallen.

Der Abschäumer im Meerwasseraquarium

Was ist eigentlich Abschäumung?

Welche Aufgabe hat ein Abschäumer im Aquarium?

Wie funktioniert ein Abschäumer?

Welche Abschäumertypen gibt es?

Wo bringe ich den Abschäumer unter?

Wie reguliere ich einen Gegenstromabschäumer mit Luftausströmer?

Wie warte ich einen Abschäumer?

Was geschieht mit den Spurenelementen?

Kann ich ein Meerwasseraquarium ohne Abschäumer betreiben?

Der Abschäumer im Meerwasseraquarium

Was ist eigentlich Abschäumung?

Häufig findet man bei stürmischem Wetter am Meeresstrand Schaum, der dort von der Brandung abgelagert wurde. Auch in der Klärtechnik ist dieses physikalische Prinzip, Flotation genannt, gebräuchlich. An viele kleine Luftbläschen lagern sich infolge der Oberflächenspannung und aufgrund elektrischer Ladungsunterschiede organische und anorganische Substanzen an. Das Ergebnis ist ein zäher, oft bräunlich gefärbter Schaum, der zum größten Teil aus organischen Schmutzstoffen besteht, der aber auch anorganische Substanzen enthält. Der im Schaumrohr eines Abschäumers aufsteigende Schaum wird verdichtet und anschließend im Auffangbecher verflüssigt. Bei leistungsfähigen, gut einregulierten Abschäumern entsteht nach dem Zerfall der Schaumbläschen im Auffangbecher eine dunkle, übel riechende Flüssigkeit, die deutlich die Entlastung des Aquariumwassers demonstriert.

Der Abschäumer im Meerwasseraquarium

Welche Aufgabe hat ein Abschäumer im Aquarium?

Wer sich aufmerksam mit dem Thema Filterung auseinandergesetzt hat, erkennt, daß einzig beim Einsatz mechanischer Filtermethoden Grobpartikel oder Gelbstoffe aus dem Kreislauf im wahrsten Sinne herausgefiltert werden. Andere Stoffe werden nur umgebaut. Die Meeresaquaristik hat mit dem Einsatz des Eiweißabschäumers, der durchaus als physikalischer Filter bezeichnet werden kann, einen deutlichen Entwicklungssprung gemacht. Er entfernt wirkungsvoll die von organischen Abfallstoffen stammenden Proteine, bevor sie abgebaut werden, aus dem Aquariumwasser. Schädliche Zwischen-oder Endprodukte können so weitgehend vermieden werden. Wichtig ist eine gleichmäßige Abschäumung rund um die Uhr mit einem aureichend leistungsfähigen Gerät, denn sind diese Eiweißstoffe erst im Nitrifizierungsprozeß umgesetzt, dann lassen sie sich auf diese Weise nicht mehr entfernen.

So klares Wasser wird in einem Meerwasseraquarium nur durch Eiweißabschäumung ermöglicht.

Der Abschäumer im Meerwasseraquarium

Wie funktioniert ein Abschäumer?

Die gebräuchlichsten Abschäumer arbeiten nach dem Gegenstromprinzip, d.h. das Wasser wird in einem Rohr von oben nach unten in den Abschäumer gepumpt und vom Boden wieder zurück ins Aquarium geleitet. Gegen den Strom des Wassers strebt die Luft zur Oberfläche; die aufstrebenden Luftbläschen verweilen möglichst lange im Kontaktrohr. Um im Schaumrohr eine optimale Schaumbildung zu erreichen, ist eine ausreichende Luftmenge erforderlich. Die benötigte Luftmenge hängt vom Bautyp und damit letztendlich auch von der Länge und dem Querschnitt des Kontaktrohres sowie vom Belastungsgrad des Wassers ab.

Der Abschäumer im Meerwasseraquarium

Welche Abschäumertypen gibt es?

Die für die Funktion erforderliche Luftzufuhr ist in verschiedenen Bautypen unterschiedlich gelöst. Mit Hilfe einer Luftpumpe (in den meisten Fällen eine Membranpumpe) wird die Luft über feinporige Ausströmer eingeleitet. Dabei haben sich Lindenholzausströmer bewährt, da alle anderen Ausströmertypen nicht die erforderliche feinperlige Luftverteilung liefern. Gegenstromabschäumer mit Holzausströmern zeichnen sich durch eine relativ simple Bauweise aus. Sie sind vergleichsweise preiswert. Beim Dispergatorabschäumer zieht die für den Wassertransport erforderliche Kreiselpumpe Luft an, die mit Hilfe eines speziell konstruierten Pumpenrades zerschlagen wird. Bei einem dritten Bautyp, dem Injektorabschäumer, wird Wasser mittels einer besonders druckstarken Kreiselpumpe in einem harten Strahl durch eine Düse mit seitlichem Lufteinzug in den Abschäumer eingeleitet. Das Wasser rotiert unter kreisförmigen Wirbeln im Kontaktrohr (daher auch der mitunter verwendete Name Rotationsabschäumer). Gleichzeitig wird durch eine Lufteinzugsdüse Luft in diese Wirbel eingezogen.

Der Abschäumer im Meerwasseraquarium

Wo bringe ich den Abschäumer unter?

Ein Disperatorabschäumer besitzt aufgrund seines Funktionsprinzips eine relativ kompakte Bauweise, so daß man ihn in der Regel auch innerhalb des Aquariums unterbringen kann, was auch sicherheitstechnisch (Auslaufgefahr) von Vorteil ist. Die anderen Abschäumertypen werden besser neben oder hinter dem Becken untergebracht. Die Länge ihres Kontaktrohres überschreitet in der Regel auch die Höhe des Aquariums. Nur bei sehr kleinen Aquarien ist eine Kontaktrohrlänge unter 70 cm vertretbar.

Der Abschäumer im Meerwasseraquarium

Wie reguliere ich einen Gegenstromabschäumer mit Luftausströmern?

Die Luftförderleistung muß hoch sein, d.h. die Leistungsfähigkeit der Membranpumpe muß den Erfordernissen entsprechend angepaßt sein. Die Höheneinstellung des Steigrohrs muß gewährleisten, daß nur fester Eiweißschaum (obere Schaumphase) in den Auffangbehälter gelangt. Gerät auch der wasserreiche Normalschaum (untere Schaumphase) mit in diesen Behälter, so ist er schon bald randvoll. Nicht das Flüssigkeitsvolumen, sondern die Menge abgeschäumter Schadstoffe ist entscheidend. Ist die Abschäumflüssigkeit statt dunkelbraun nur hellgrau, so arbeitet der Abschäumer uneffektiv. Mit dem Wasserzu- und -ablaufhahn läßt sich der Wasserstand im Schaumrohr so einstellen, daß eine optimale Schaumbildung erfolgt.

Nur fester Schaum darf in den Auffangbehälter gelangen.

Wie warte ich einen Abschäumer?

Die Lindenholzabschäumer müssen regelmäßig (etwa alle vier bis sechs Wochen) ersetzt werden. Durch Quellvorgänge im Holz vergrößern sich die Luftbläschen, und der Abschäumvorgang wird uneffektiv oder kommt gar total zum Stillstand. Schaumrohr und Auffangbecher müssen unbedingt sauber gehalten werden (Reinigung alle zwei bis drei Tage), da andernfalls durch die fetthaltigen Ablagerungen eine gute Schaumbildung verhindert wird. Der Schaum steigt dann nicht mehr im Rohr hoch. Auch schon kleinste Fettspuren führen ebenfalls zum Zusammenbruch des Abschäumvorgangs. Das kann schon beim Hantieren mit der bloßen Hand im Aquarium ausgelöst werden. Nach einiger Zeit sind diese Fettspuren allerdings verarbeitet und der Abschäumvorgang funktioniert wieder. Das regelmäßige Entleeren des Auffangbechers empfiehlt sich schon wegen der sonst auftretenden Geruchsbelästigung. Bei Dispergatorabschäumern können am Pumpenrand sehr leicht Kalkablagerungen entstehen. Sie müssen regelmäßig entfernt werden, um die Leistungsfähigkeit nicht zu vermindern. Ähnliches erfolgt an der Injektordüse eines Rotationsabschäumers. Auch hier müssen die Kalkabscheidungen beseitigt werden.

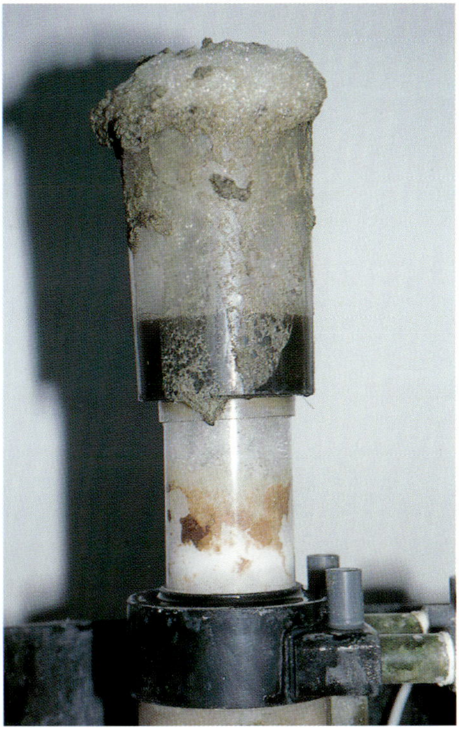

Schlecht gewarteter Abschäumer

Kalkablagerungen können die Effektivität verringern.

Der Abschäumer im Meerwasseraquarium

Was geschieht mit den Spurenelementen?

Jenes häufiger zu hörende Argument, daß durch die Abschäumung in größerem Umfang auch wichtige Spurenelemente aus dem Wasser entfernt würden, ist bislang nicht bewiesen. Mangelerscheinungen bei den Aquarienpfleglingen, die durch Eiweißabschäumung entstanden sein könnten, sind noch nicht dokumentiert worden. Da eine Versorgung des Aquarienwassers mit Spurenelementen durch entsprechende Präparate jederzeit möglich ist, dürfte dieser eventuelle Nachteil die großen Vorteile der Abschäumung keineswegs in Frage stellen.

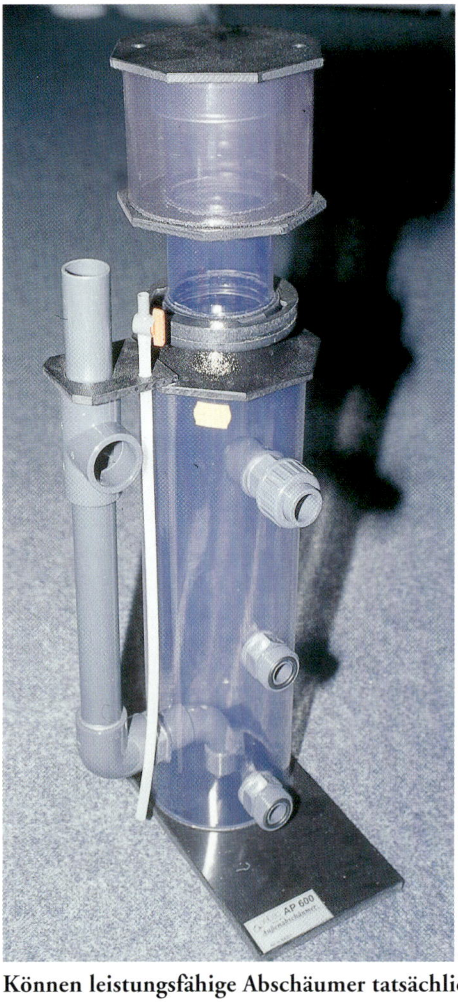

Können leistungsfähige Abschäumer tatsächlich Spurenelemente abschäumen?

Der Abschäumer im Meerwasseraquarium

Kann ich ein Meerwasseraquarium ohne Abschäumer betreiben?

Wie bereits bei den unterschiedlichen Aquariumtypen ausgeführt, kann der Idealfall eines biologischen Gleichgewichtes im Meerwasseraquarium kaum jemals eintreten. Es besteht nur bei extrem gering belasteten Aquarien die Möglichkeit, durch Wasserwechsel und Verarbeitung von Biomasse auf eine Entfernung von Schadstoffen mittels Abschäumung zu verzichten. Auch eine Entfernung von Biomasse selbst, zum Beispiel durch die Entnahme von zu stark vermehrter *Caulerpa*-Algen, in der sich Nitrate anreichern, kommt letztendlich einer „Mitentnahme" von Schadstoffen gleich. Diese Quasi-Idealzustände sind äußerst selten. Eine Abschäumung ist in der Regel also erforderlich. Die Argumentation und letztendlich die Erfolge in der Praxis haben eindeutig bewiesen, daß bei der eventuellen Entscheidung entweder für Filterung oder für Abschäumung, der Eiweißabschäumer die bessere Wahl ist.

Caulerpa taxifolia

Heizung und Kühlung von Meeresaquarien

Welche Temperaturverhältnisse findet man an einem tropischen Korallenriff?

Wie beheize ich ein Meerwasseraquarium?

Wie kühlt man in der heißen Jahreszeit?

Wie kühle ich ein Kaltwasser-Meerwasseraquarium?

Heizung und Kühlung von Meeresaquarien

Welche Temperaturverhältnisse findet man an einem tropischen Korallenriff?

Gegenüber den sehr konstanten chemischen Parametern verändert sich die Wassertemperatur an einem Korallenriff in Abhängigkeit von der Jahreszeit. Je näher ein Riff an den geographischen Verbreitungsgrenzen liegt, umso stärker können diese Schwankungen sein. Im nördlichen Roten Meer ist dieser jahreszeitliche Temperaturwechsel besonders stark ausgeprägt. Der optimale Temperaturbereich liegt für riffbildende Korallen zwischen 25°C und 27°C. Temperaturen unter 20°C und über 30°C werden von ihnen nur kurzfristig toleriert. Deshalb liegt auch die Verbreitungsgrenze für Korallenriffe bei der 20°C-Isotherme. Steigt die Wassertemperatur für längere Zeit über 30°C an, so werden die Transportwege für den Austausch der Stoffwechselprodukte zwischen Korallen und Zooxanthellen geschädigt. Im Zusammenhang mit gleichzeitiger starker UV-Strahlung entstehen, vor allem in jüngster Zeit in erschreckendem Ausmaß beobachtet (Treibhauseffekt), enorme Schädigungen ganzer Korallenriffe. Das „Ausbleichen" der Korallen ist auf Schädigungen der Zooxanthellen zurückzuführen. Durch die enge Lebensgemeinschaft stirbt schließlich ebenfalls die Koralle. Eine relative Erwärmung der Meere könnte den Zusammenbruch riesiger Ökosysteme bewirken.

Heizung und Kühlung von Meeresaquarien

Wie beheize ich ein Meerwasseraquarium?

Die handelsüblichen, glasummantelten Stabheizer mit Thermostat, wie sie auch in der Süßwasseraquaristik eingesetzt werden, sind auch für Meerwasseraquarien geeignet. Bei der Installation dieser Heizer im Aquarium ist zu beachten, daß die vom Hersteller vorgeschriebene Eintauchtiefe der Heizung eingehalten wird. Die entsprechenden Kunststoffabdeckkappen der Heizung müssen oberhalb der Wasseroberfläche liegen (Kunstoffabdichtungen altern im Meerwasser rascher!), Saughalterungen sollten überhaupt nicht eingesetzt werden. Auch die elektrische Zuleitung sollte niemals ins Wasser eintauchen, vor allem, wenn man Fische pflegt, die in der Lage sind, die Isolation zu durchbeißen. Für einige Drücker-oder Kofferfische ist das kein Problem. An dieser Stelle muß eindringlich auf die sehr gute elektrische Leitfähigkeit von Meerwasser hingewiesen werden. Die Heizung sollte so angebracht werden, daß kein Wärmestau innerhalb der Steindekoration entsteht und eine ungehinderte Wärmeabgabe möglich ist. Wird ein Außenfilter benutzt, so bringt man die Heizung am besten in dessen Klarwasserkammer unter. Ist das Aquarium in einem ausreichend temperierten Raum untergebracht, dann kann unter Umständen auf eine Heizung vollständig verzichtet werden. Die meist intensive Beleuchtung liefert häufig eine ausreichende Abwärme. Metallheizschlangen sind im aggressiven Meerwasser nicht zu verwenden. Gleiches gilt für Bodenheizkabel, die sowohl von Fischen, als auch von schweren Dekorationsstücken beschädigt werden können. Die Temperatur sollte aber regelmäßig mit einem zuverlässigen Thermometer überprüft werden, da ein Thermostat der Heizung ausfallen kann.

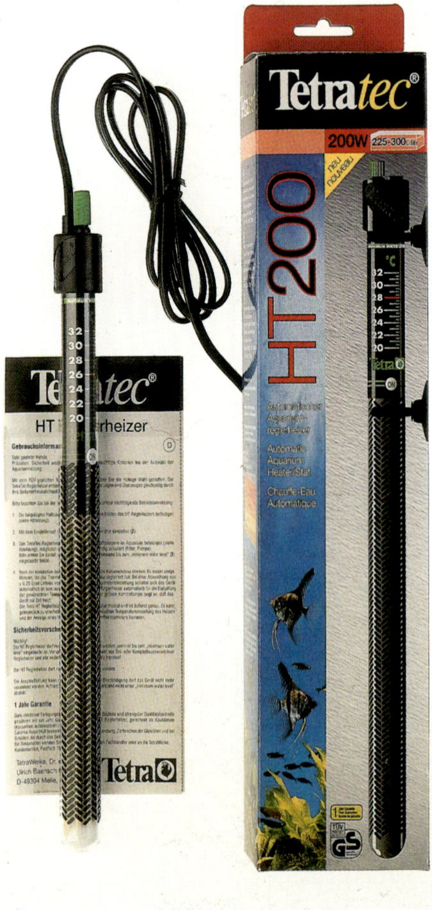

Heizung und Kühlung von Meeresaquarien

Wie kühlt man in der heißen Jahreszeit?

Bei Riffaquarien mit ihrem enormen Beleuchtungsaufwand kann es in der heißen Jahreszeit zu Temperaturproblemen kommen. Ventilatoren, die warme Luft über der Wasseroberfläche beseitigen, sind sehr hilfreich. Die Verdunstungsrate erhöht sich dabei allerdings überdurchschnittlich. Auch tagsüber heruntergelassene Fensterjalousien und intensives Lüften über Nacht verschafft zusätzliche Kühlung. Für kleine Aquarien kann man sich eventuell vorübergehend mit Kühlakkus behelfen. In Notfällen ist es zu erwägen, die Beleuchtung etwas zu reduzieren. Das kann natürlich bei Riffaquarien nur eine sehr kurzzeitige Maßnahme sein, doch Korallen nehmen durch Temperaturen über 28°C über mehrere Tage größeren Schaden als durch eine geringere Beleuchtung. Auch die Veränderung des Beleuchtungsrhythmus, am Tage das Licht ausschalten und nachts beleuchten, kann wegen der tageszeitlichen Temperaturspreizung helfen. Ideal wäre das Vorhandensein eines Raumklimagerätes oder die Installation eines Aquarien-Durchlaufkühlers.

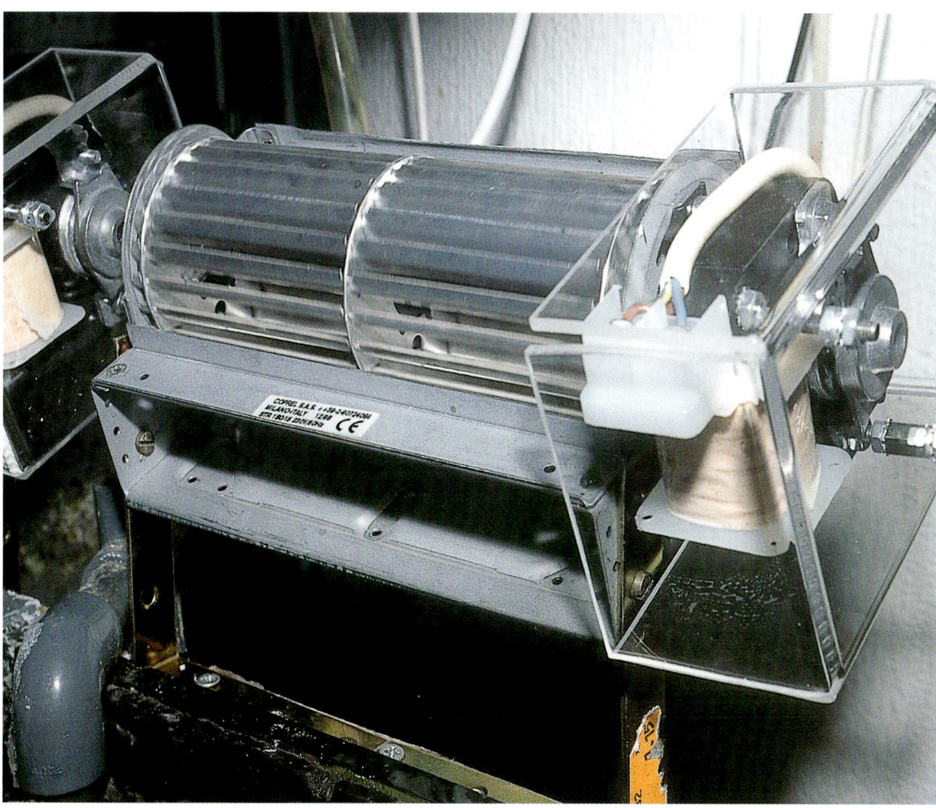

Heizung und Kühlung von Meeresaquarien

Wie kühle ich ein Kaltwasser-Meerwasseraquarium?

In warmen Sommermonaten werden die Grenzen der Temperaturbelastbarkeit bei Nord-und Ostseetieren, aber auch bei Mittelmeertieren im Aquarium oft sehr schnell überschritten. Eine sinnvolle, dauerhafte Abhilfe ist nur durch ein Kühlaggregat möglich. Diese nicht billigen Geräte werden in größeren Zoofachgeschäften und von verschiedenen namhaften Herstellern angeboten. Dabei ist unbedingt darauf zu achten, daß das eingesetzte Aggregat meerwasserbeständig ist. Insbesondere für Meeresaquarien konzipierte, allerdings sehr teure Durchlaufkühler sind zu empfehlen. Sie sorgen mittels einer kleinen Kreiselpumpe und eines Thermostaten für richtig temperiertes Wasser. Bei zuverlässigen Geräten besteht der Wärmeaustauscher aus Titan (gewarnt sei vor kunststoffummantelten Kupfer-Wärmeaustauschern). Der durch die Kühlung verursachte Mehraufwand hat wohl eine größere Verbreitung von Kaltwasser-Meeresaquarien verhindert. Viele interessante, oft sogar farblich attraktive Meeresbewohner bleiben so von der Aquaristik kaum beachtet.

Seesterne der Gattung *Asterias* und Hummer sind Bewohner von Kaltwasser-Meeresaquarien.

Ozonisator und Umkehrosmose im Meerwasseraquarium

Wie setze ich einen Ozonisator ein?

Welche Qualität muß mein Leitungswasser haben?

Was kann ich mit einer Umkehr-Osmose-Anlage erreichen?

Ozonisator und Umkehrosmose im Meerwasseraquarium

Wie setze ich einen Ozonisator ein?

Die aus drei Atomen bestehende Modifikation des Sauerstoffs, das Ozon, besitzt eine hohe Oxydationswirkung. In einem Ozonisator entsteht Ozon aus normalem Luftsauerstoff durch elektrische Entladung an einer Hochspannungselektrode. Mit Hilfe einer Luftpumpe wird Ozon z.B. über die Lindenholzausströmer in den Abschäumer eingeblasen. Durch Ozonbeigabe werden einige der organischen Abfallstoffe besser abschäumbar oder, etwa die Gelbstoffe, unmittelbar eliminiert. Der Gelbstoffgehalt des Aquariumwassers kann durch Ozonbeigabe schon in wenigen Stunden sichtbar reduziert werden. Freies Ozon ist jedoch bereits in geringen Konzentrationen stark giftig, so daß bei falscher Anwendung sowohl die eigene Gesundheit als auch die der Aquariumbewohner gefährdet ist. Ozon reizt beim Menschen die Schleimhäute der Atemwege. Es hat sich als absolut praktisch erwiesen, ein Gerät mit recht geringer Leistung einzusetzen. Eine genaue Dosierung kann nicht angegeben werden, da dieses von der Größe und Bauart des Abschäumers sowie vom Wasservolumen des Aquariums abhängig ist. Schon geringe Mengen Ozon reichen aus, um das im Abschäumer vorbeifließende Wasser von Gelbstoffen zu befreien. Von einer Ozonisierung im Dauerbetrieb ist abzuraten. Exemplarisch soll eine Dosierangabe für ein von den Autoren betriebenes Aquarium gegeben werden. Das Aquarium beinhaltet ein Bruttowasservolumen von 550l. Der Ozonisator wird alle 14Tage für 12Stunden bei einer Dosierung von 5mg/l Ozon in Betrieb genommen. Eine individuelle Erhöhung der Dosierung sollte, wenn überhaupt notwendig, mit äußerster Vorsicht vorgenommen werden. Es ist zu bedenken, daß Schädigungen der Tiere nicht sofort sichtbar werden. Ozon darf niemals direkt ins Aquarium geleitet werden. Die Verwendung von Ozon sollte ausschließlich im Abschäumer erfolgen. Der für Ozon typische, muffige und dumpfe Geruch darf also weder am Abschäumer noch am Ozonisator entweichen. Schläuche für Luftzuleitungen sind regelmäßig zu überprüfen, da sie mitunter von Ozon angegriffen werden und so Ozon freisetzen können.

Ozonisator und Umkehrosmose im Meerwasseraquarium

Welche Qualität muß mein Leitungswasser haben?

Unbelastetes Trinkwasser wird immer knapper. Für die Länder der Europäischen Union ist ein Grenzwert von 50 mg/l Nitrat für Trinkwasser festgelegt, doch nicht überall wird diese Norm erreicht. Für ein Riffaquarium kann derartig belastetes Wasser (mit über 20 mg/l Nitrat oder mit hohem Silikatgehalt) nicht verwendet werden. Eventuell vorhandene Phosphate würden dieses Problem noch verstärken. Es ist daher notwendig, sich über die Qualität des Trinkwassers beim Wasserwerk zu informieren oder selbst Messungen durchzuführen. Die Anwendung eines Wasseraufbereitungsmittels ist stets anzuraten. Aus den Leitungen stammende Schadstoffe, insbesondere das schädliche Kupfer, bleiben in den offiziellen Analysen unberücksichtigt). Häufig befinden sich im Wasser Pestizidkonzentrationen, die gerade für marine Lebewesen toxisch sind. So hat z.B. Atrazin, ein Pestizid, das vor allem beim Maisanbau eingesetzt wurde, lange Zeit gebraucht, um die Erdschichten bis zum Grundwasser zu durchdringen. Es ist nur sehr schwer abbaubar und galt lange Zeit als ungefährlich. Inzwischen hat es sich als äußerst toxisch für Fische herausgestellt. Leider sind derartige Stoffe nur mit großem Aufwand analytisch nachweisbar. Direkt am eigenen Wasserhahn muß die Konzentration von Kupfer im Leitungswasser überprüft werden. Kupfer wirkt auf Wirbellose extrem toxisch. Moderne Wasserleitungen, aber auch Heizspiralen von Durchlauferhitzern sind aus Kupfer gefertigt. So wird Kupfer auf einfache Weise ins Leitungswasser eingewaschen. Bei den Autoren war am Wasserhahn einer Neubauwohnung noch nach 10 Betriebsjahren eine Kupferkonzentration nachweisbar, die für Wirbellose absolut tödlich gewesen wäre.

Ohne Ozon im Aquarium kann es zu einer starken Gelbstoffanreicherung kommen.

Ozonisator und Umkehrosmose im Meerwasseraquarium

Was kann ich mit einer Umkehr-Osmose-Anlage erreichen?

Bei der Umkehrosmose wird Wasser entgegen dem osmotischen Gefälle durch eine Membran gedrückt. Die für die Aquaristik angebotenen Anlagen arbeiten mit dem normalen Wasserdruck. Nur bei großen Anlagen sind zusätzliche Druckpumpen notwendig. Mit Hilfe der Membran werden im Wasser gelöste Stoffe (zum Beispiel Nitrat, Phosphat, Silikat und Schwermetalle) zu rund 90 bis 95 % eliminiert. Sie reichern sich im Restwasser an und fließen ab. Gute Anlagen haben bei ausreichendem Wasserdruck ein Verhältnis von etwa 3:1 (drei Liter Abwasser zu einem Liter Reinwasser). Es werden nicht alle im Wasser gelösten Teilchen entfernt. Ein geringer Teil dieser Substanzen befindet sich im Reinwasser. Die Qualität des Reinwassers reicht aber für den Einsatz in der Meeresaquaristik aus. Weiterhin ist es mit Hilfe von Ionenaustauschern möglich, das Aquarienwasser zu reinigen. Diese Entsalzungsanlagen entfernen jedoch nur geladene Teilchen aus dem Wasser und sind extrem wartungsintensiv. Die Regeneration der bei diesem Prinzip eingesetzten Kunstharze mit Laugen und Säuren ist wesentlich aufwendiger als der Einsatz einer Umkehrosmose.

Meerwasser und seine wichtigen Parameter

Wie ist Meerwasser beschaffen?

Welchen Salzgehalt hat Meerwasser?

Wie genau sind Salzgehaltmessungen?

Kann ich natürliches Meerwasser benutzen?

Wie stelle ich künstliches Meerwasser her?

Leitungswasser oder Umkehrosmose-Wasser?

Welche chemischen Parameter des Wassers sind wichtig?

Wie ist das mit dem pH-Wert?

Warum ist die Karbonathärte so wichtig?

Welche Rolle spielt das Element Kalzium?

Warum sind Strontiumzugaben wichtig?

Wie wichtig ist Jod?

Wie wirken sich Silikate aus?

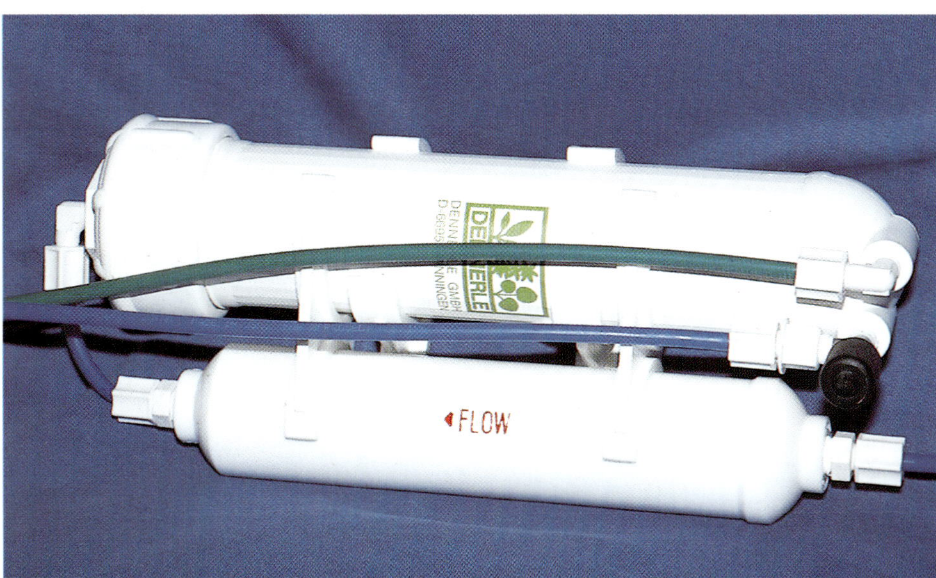

Umkehrosmose-Gerät

Meerwasser und seine wichtigen Parameter

Wie ist Meerwasser beschaffen?

Meerwasser unterscheidet sich von Süßwasser durch die viel größere Menge an gelösten Salzen, woraus sich auch sein höherer pH-Wert um 8,3 ergibt. Im Meerwasser sind fast alle uns bekannten Elemente in unterschiedlicher Menge enthalten. Viele von ihnen liegen als elektrisch geladene Teilchen (Ionen) vor. Deshalb hat Meerwasser eine hohe Leitfähigkeit. Manche Elemente liegen in reiner Form vor, andere wiederum in Verbindungen. Einige Elemente, etwa Natrium und Chlor, kommen in recht hohen Konzentrationen vor, andere, beispielsweise Kupfer und Eisen, nur in Spuren. Viele Spurenelemente sind für das Gedeihen des Lebens unentbehrlich, eine Erhöhung ihrer Konzentration wiederum kann zu schwerwiegenden Vergiftungen führen (z.B. Kupfer). Bestimmte Spurenelemente, unter anderen Jod und Schwermetalle, werden von Meeresorganismen (besonders von Algen) gespeichert. In Meeresaquarien kann es daher unter Umständen zu einem Mangel an bestimmten Spurenelementen kommen, anderseits jedoch auch z.B. beim Absterben eines größeren Algenbestandes zur plötzlichen Überkonzentration.

Meerwasser und seine wichtigen Parameter

Welchen Salzgehalt hat Meerwasser?

Die in der Meeresaquaristik gebräuchlichste Methode den Salzgehalt zu messen, ist die Bestimmung der Dichte mit Hilfe eines Aräometers. Dabei muß darauf geachtet werden, daß diese Messung stark temperaturabhängig ist. Man sollte deshalb ein Aräometer einsetzen, das auf eine im Aquarium gebräuchliche Temperatur geeicht ist, wenn man nicht ständig mit einer Umrechnungstabelle arbeiten will. Die aquaristische Praxis hat gezeigt, daß eine Dichte von 1,022 bis 1,024 (Gramm pro Kubikzentimeter) bei 25°C der optimale Bereich ist. Das bedeutet, daß z.B. bei einer Dichte von 1,022 bei 25°C gemessen ca.33 g Salz in einem Liter Wasser enthalten sind.

Meerwasser und seine wichtigen Parameter

Wie genau sind Salzgehaltmessungen?

Das Aräometer muß unbedingt auf dem Niveau der Wasseroberfläche abgelesen werden. Meßfehler ergeben sich, wenn man schräg von oben bzw. von unten abliest. Durch Adhäsionskräfte kommt es im Ablesebereich der Spindel zu einer geringen Aufwölbung des Wasserspiegels. Man muß unterhalb dieser Aufwölbung genau auf der Höhe des Wasserspiegels ablesen. Die Praxis hat gezeigt, daß es weniger darauf ankommt, ob ein Aquarium mit einer Dichte von 1,022 oder 1,024 gefahren wird. Die Konstanz des Salzgehaltes ist wichtiger. Das verdunstete Volumen sollte also mit Umkehrosmosewasser regelmäßig aufgefüllt werden. Auch beim Einsatz eines hochwertigen und dementsprechend teuren Leitwertmessers (Angabe in Mikrosiemens pro Quadratzentimeter) sind nur dann noch genauere Meßergebnisse zu erzielen, wenn die Meßelektroden peinlichst sauber gehalten werden und das Gerät regelmäßig kalibriert wird, andernfalls kann das Meßergebnis weniger genau sein als mit einem Präzisionsaräometer. Es ist sehr wichtig, plötzliche Schwankungen der Salzkonzentration beim regelmäßigen Wasserwechsel oder beim Ergänzen des verdunsteten Wassers zu vermeiden.

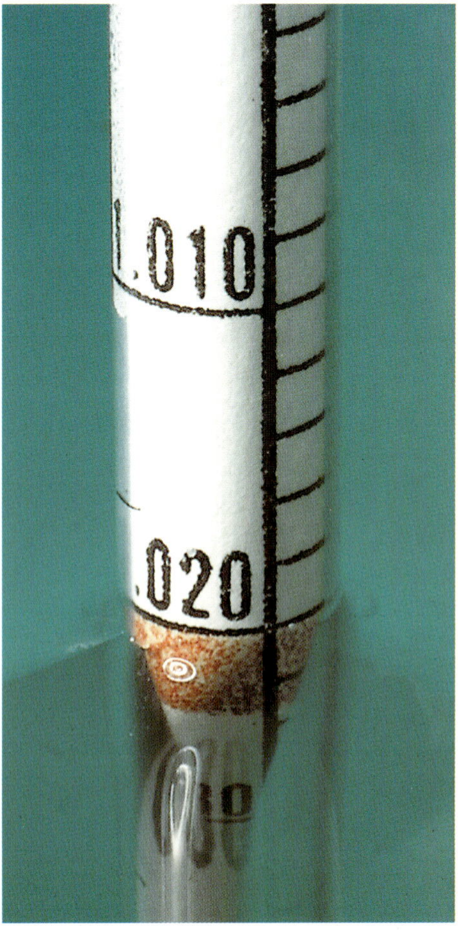

Der Salzgehalt ist richtig eingestellt.

Aräometer und Meersalz

Meerwasser und seine wichtigen Parameter

Kann ich natürliches Meerwasser benutzen?

Die Frage erübrigt sich durch die gute Qualität des künstlichen Meerwassers. Das Verwenden natürlichen Meerwassers kommt mitunter noch- für Aquarianer in Frage, die unmittelbar an der Küste wohnen. Leider ist aber in vielen Küstenregionen mit Verunreinigungen zu rechnen. Auch der Salzgehalt, z.B. im Ostseebereich, kann oft unter dem gewünschten Sollwert liegen. Es werden also nur wenige Aquarianer in der Lage sein, sich aus der Natur zu bedienen. Hat man diese Möglichkeit, ist noch auf die Gefahr des Einschleppens von Krankheitserregern zu verweisen. Den Autoren ist ein Fall bekannt, wo bei jedem Wasserwechsel mit Wasser aus dem Indischen Ozean in einem Aquarium *Oodinium* bei den Fischen auftrat.

Meerwasser und seine wichtigen Parameter

Wie stelle ich künstliches Meerwasser her?

Der Handel bietet eine Fülle von Meersalzmischungen an. Da bis jetzt umfassende Qualitätsbeurteilungen fehlen, sollte man sich vom Handel oder Aquarianern beraten lassen und möglichst bei einer Marke bleiben. Das Salz darf auf keinen Fall direkt im Aquarium aufgelöst werden. Man verwendet am besten Glas- oder PVC-Behältnisse, nie solche aus Metall. Nach den Angaben des Herstellers löst man die entsprechende Menge Salz im angegebenen Wasservolumen möglichst bei starker Wasserumwälzung (rasche, vollständige Lösung aller Bestandteile). Anschließend wird das Wasser eine Woche, jedoch nicht wesentlich länger, mit kräftiger Belüftung stehen gelassen, bevor es dem Aquarium zugegeben wird.

Meerwasser und seine wichtigen Parameter

Leitungswasser oder Umkehrosmose-Wasser?

Die Entscheidung, ob Leitungswasser oder Umkehrosmose-Wasser, muß vor dem Wasseransatz getroffen werden. Liegt der Nitratwert des Leitungswassers mehr als 20 mg/l (Milligramm pro Liter), sollte man sich für aufbereitetes Osmose-Wasser entscheiden. Hat man gar die Absicht, in dem Aquarium Steinkorallen zu pflegen, dann muß Wasser mit derartiger Belastung unbedingt verworfen werden. Investition und laufend anfallende Kosten für eine Umkehrosmose-Anlage sind auf Dauer auch geringer als die vergeblichen Versuche, Steinkorallen in nitratbelastetem Wasser halten zu wollen.

In der Regel kommt man bei der Haltung von Steinkorallen ohne Umkehr-Osmosewasser nicht aus.

Meerwasser und seine wichtigen Parameter

Welche chemischen Parameter des Wassers sind wichtig?

Eine sehr große Bedeutung für das Gedeihen von Organismen im Meerwasseraquarium hat der pH-Wert. Um den pH-Wert stabil zu halten, sind wiederum die Karbonathärte und der Anteil von Hydrogenkarbonat-Ionen nötig. Die Hydrogenkarbonatkonzentration wurde früher als Karbonathärte bezeichnet (heute: Säurekonzentration bis pH 4,3). Auch der Gehalt an Kalzium ist für viele Pfleglinge im Aquarium, vor allem für Steinkorallen, sehr wichtig. Alle Tiere, deren Stützskelett unter anderem auch Kalzium für den stets neu erfolgenden Aufbau nach einer Häutung (Krebstiere) oder für den stetigen Zuwachs (Mollusken) benötigen, sind von einem hohen Kalzium- und Karbonatgehalt abhängig.

Für viele Lebensprozesse im Meer ist eine gute Sauerstoffversorgung nötig. Insbesondere die höher organisierten Organismen sind von einem hohen Sauerstoffgehalt nahe der Sättigungsgrenze abhängig. Durch die Bewegung der Wasseroberfläche wird das Aquarium ausreichend mit Sauerstoff versorgt. Zusätzliche Belüftungen, z.B. im Abschäumer, tragen ebenfalls dazu bei. Gleichzeitig wird überschüssiges Kohlendioxid ausgetrieben.

Meerwasser und seine wichtigen Parameter

Wie ist das mit dem pH-Wert?

Der pH-Wert liegt im Meer meist bei ca. 8,2. Er ist recht stabil, schwankt also sowohl im Tages- als auch im Jahresverlauf nur wenig. Im Aquarium liegen die Verhältnisse ganz anders. Im Vergleich mit der Wassermenge ist dort die Konzentration von Lebensprozessen mit großen Stoffumsätzen riesig. So verbrauchen z.B. Algen (auch die Zooxanthellen) am Tage Kohlendioxid. Der pH-Wert steigt. Nachts geben sie Kohlendioxid ab, der pH-Wert sinkt. Beim bakteriellen Abbau von Abfallprodukten werden Säuren freigesetzt, die ebenfalls den pH-Wert senken. Können diese nicht mehr genügend neutralisiert, ihre Wirkung also nicht abgepuffert werden, dann sinkt der pH-Wert weiter. Das wiederum hätte verheerende Folgen, wenn man dieser Entwicklung freien Lauf ließe. Mit einer besonders intensiven Beleuchtung sollte deshalb stets auch eine ausreichende Belüftung sowie Wasserumwälzung einhergehen, womit sich die täglichen Schwankungen des pH-Wertes auf ein erträgliches Maß begrenzen lassen.

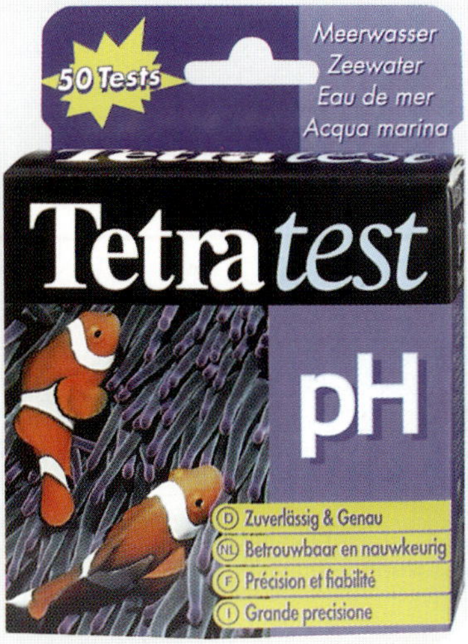

Meerwasser und seine wichtigen Parameter

Warum ist die Karbonathärte so wichtig?

Ist die Karbonathärte hoch genug (im Meer liegt sie normalerweise bei ca. 8° dKH), besitzt das Wasser gegenüber den bei Abbauprozessen auftretenden Säuren eine ausreichende Pufferkapazität, um den pH-Wert stabil zu erhalten. Da aber nicht nur durch diese Prozesse die Karbonathärte abgebaut wird, sondern auch noch einige Algenarten beim Mangel von Kohlendioxid ihren Kohlenstoffbedarf aus dem Hydrogenkarbonat decken können, sinkt das Puffervermögen dementsprechend (mitunter ein wachstumsbegrenzender Faktor für schnellwüchsige Korallenarten). Die Karbonathärte muß also ständig auf einem Stand gehalten werden, um pH-Wert-Absenkungen zu verhindern.

Steinkorallen benötigen für den Aufbau ihres Skeletts Kalk.

Meerwasser und seine wichtigen Parameter

Welche Rolle spielt das Element Kalzium?

Kalzium spielt beim Skelettaufbau der Korallen und auch bei Kalkrotalgen eine wichtige Rolle; sie entziehen dem Meerwasser ständig Kalzium-Ionen. In Riffaquarien muß deshalb dieses Element unbedingt regelmäßig nachdosiert werden, sonst entstehen Mangelerscheinungen, Krankheiten oder unerwünschter Algenbefall. Diese Mangelerscheinungen treten in Aquarien mit geringem Kalkalgenwuchs und wenigen Steinkorallen verzögert auf. Doch auch andere Wirbellose und Fische benötigen dieses essentielle Element. Die Kalziumzufuhr erfolgt auf unterschiedliche Weise und wird methodisch im Kapitel „Messen und Reagieren" detailliert erläutert. Im natürlichen Meerwasser ist Kalzium in einer Konzentration von etwa 420mg/l vorhanden.

Korallen und Kalkrotalgen benötigen unbedingt Kalzium.

Warum sind Strontiumzugaben wichtig?

Eine ähnliche Rolle wie Kalzium spielt das Element Strontium. Steinkorallen benötigen es für den Skelettaufbau. Aber auch Weichkorallen, Röhrenkorallen und Schwämme verbrauchen dieses Element. Im natürlichen Meerwasser kommt Strontium in einer Konzentration von ca. 8mg/l vor. Der Zoofachhandel bietet fertige Strontiumlösungen mit Dosieranweisung an. Man kann aber auch aus einer Apotheke Strontiumchlorid ($SrCl_2$) beziehen. Daraus stellt man sich mit destilliertem Wasser eine Stammlösung her, indem man 100 g Strontiumchlorid in einem Liter Wasser löst. Von dieser Stammlösung werden dem Aquarium wöchentlich 2 ml auf 100 Liter Wasser zugegeben. Sind Gewebeschäden in Form von Löchern oder weißlichen Flecken an Schwämmen zu beobachten, so kann die Dosierung etwas erhöht werden (3 ml auf 100 Liter Aquarienwasser wöchentlich). Sind die Mangelerscheinungen beseitigt, kann man auf die Normaldosierung zurückgehen.

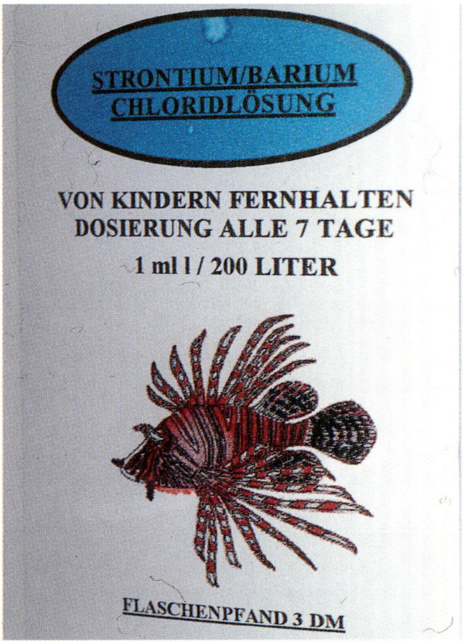

Strontiummangel bemerkt man oft zuerst am Zustand der Schwämme.

Wie wichtig ist Jod?

Jod ist im natürlichen Meerwasser mit ca. 0,06 mg/l enthalten. Eine Reihe von Algenarten, vor allem Rot-und Braunalgen, verbrauchen Jod. Auch andere Wirbellose und auch Fische benötigen dieses Element. Ältere Fische erkranken in zu jodarmem oder in zu jodreichem Wasser häufig an Kropfbildung. Eine Jodzugabe ins Aquariumwasser erfolgt meist mit Kaliumjodid oder durch aus der Apotheke bezogene, allerdings vorsichtig zu dosierende Lugolsche Lösung. Man löst 25g Kaliumjodid in 500 ml destilliertem Wasser. Von dieser Stammlösung werden maximal 0,5 ml wöchentlich auf 200 Liter Aquariumwasser gegeben. Von der Lugolschen Lösung gibt man maximal 0,1 ml auf 100 Liter Aquarienwasser wöchentlich zu. Vorsicht: Kaliumjodid und insbesondere die Lugolsche Lösung sind giftig. Die Lugolsche Lösung färbt braun ein und ist nicht wieder zu entfernen. Die geringen Zugabemengen sind unbedingt einzuhalten, sonst schadet man mehr als man nützt. Es soll nicht verschwiegen werden, daß eine Jodzugabe von manchen erfolgreichen Meeresaquarianern abgelehnt wird. Die recht unterschiedlichen Erfahrungen mit der Speicherung von Jod in verschiedenen Aquarien und der damit verbundenen Gefahr der Anreicherung liefern ihnen Argumente. Wenn Sie aber mit Jod-Präparaten hantieren, so muß unbedingt darauf geachtet werden, daß diese Chemikalien vor Kindern sicher verwahrt werden.

Wie wirken sich Silikate aus?

Silikate sind im natürlichen Meerwasser in einer Konzentration von etwa 2,5mg/l in Form von Kieselsäure vorhanden. Häufig finden sich auch im Leitungswasser, bedingt durch die geologischen Gegebenheiten, viel höhere Konzentrationen. Silikate fördern das Wachstum von Kieselalgen. Da durch Umkehrosmose-Anlagen nicht alle Silikate entfernt werden, können im Ausgangswasser mit hohen Kieselsäurekonzentrationen Probleme mit vermehrtem Algenwachstum (Kieselalgenblüte) auftreten. Diese in neu eingerichteten Meerwasseraquarien häufig auftretenden braunen Kieselalgen werden jedoch in der Regel von konkurrierenden höheren Algen schnell verdrängt. Das Ersetzen von verdunstetem Wasser sollte bei solchen Ausgangsbedingungen möglichst nicht mit Leitungswasser erfolgen, hier ist Osmosewasser vorzuziehen.

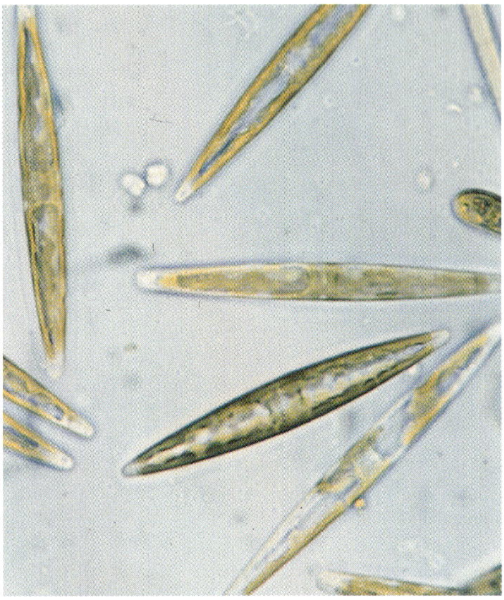

Diatomeen werden zum Beispiel von Kugel-*Caulerpa* verdrängt.

Einrichten und Einfahren

Richte ich das Aquarium für die Pfleglinge oder für mich ein?

Schauaquarium oder Zweckaquarium?

Welche Dekorationsmaterialien können verwendet werden?

Wie behandle ich Dekorationsmaterial?

Wie baue ich die Dekoration auf?

Welchen Bodengrund verwende ich?

Wie entwickelt sich das Aquarium in den ersten Wochen?

Was sind lebende Steine?

Wie behandle ich lebende Steine?

Wann setze ich die ersten Tiere und Algen ein?

Wie gewöhne ich Tiere und Algen an das neue Milieu?

Wie komplettiere ich den Besatz?

Einrichten und Einfahren

Richte ich das Aquarium für die Pfleglinge oder für mich ein?

Die biologischen Bedürfnisse der im Aquarium gepflegten Tiere und Algen müssen selbstverständlich stets gewahrt sein. Jeder ernsthafte Aquarianer richtet seine Aufmerksamkeit auf das Wohlbefinden der in seiner Obhut befindlichen Lebewesen. Das zeugt von Verantwortungsbewußtsein und von einer positiven Einstellung zum Leben. Dennoch möchte jeder gern die Ästhetik der künstlich angelegten Unterwasserlandschaft mit ihrem pulsierenden Leben genießen. Da geht es also auch darum, jeden Pflegling wenigstens hin und wieder zu Gesicht zu bekommen. Unsichtbare Fresser gibt es andernortes genug. Deshalb sind beim Aufbau von Höhlen, beim Anlegen von Bodennischen, bei der Positionierung mancher seßhafter Wirbelloser schon etliche Kompromisse einzugehen. Wenn die essentiellen Lebensbedürfnisse und dennoch die persönlichen Wünsche des Aquarianers erfüllt sind, dann ist das Hobby zu dem geworden, was ursprünglich zu seiner Entstehung geführt hat. Mit ein wenig Erfahrung lassen sich wundervolle Kleinlandschaften gestalten, in denen sich auch die Aquarienbewohner wohlfühlen.

Einrichten und Einfahren

Schauaquarium oder Zweckaquarium?

Sinn und Zweck eines Aquariums bestimmen in starkem Maße den Dekorationsaufbau. Ein Schauaquarium wird in den Wohnbereich integriert und muß in seiner äußeren Gestaltung und hinsichtlich seiner Dekoration ästhetischen Anforderungen genügen. Aspekte der praktischen Handhabung und natürlich auch des Wohlbefindens der Tiere dürfen dabei nicht vergessen werden. Bei einem Zweckaquarium, z.B. einem Zucht-oder Quarantänebecken, steht dagegen der Schauwert völlig im Hintergrund. Wichtig ist bei derartigen Aquarien die Funktionalität. Übersichtlichkeit, Kontrollierbarkeit, Sauberkeit, die Möglichkeit, Medikamente ohne Gefahr von Nebenwirkungen auf andere Tiere einsetzen zu können, stehen im Vordergrund und bestimmen den Aufbau. Allerdings muß auch hier darauf geachtet werden, daß die Funktionalität nur dann sinnvoll erreicht wird, wenn die Ansprüche der Tiere berücksichtigt werden.

Sygnathus typhle **– Seenadel-Jungtiere im Aufzuchtaquarium**

Zauberhaftes Riff-Schauaquarium im Löbbecke-Museum und Aquazoo Düsseldorf

Einrichten und Einfahren

Welche Dekorationsmaterialien können verwendet werden?

Für die Gestaltung von Meerwasseraquarien eignen sich als Grundelement kalkhaltige Gesteine. Viele dieser Steine sind aufgrund von Löchern und Durchbrüchen abwechslungsreich gestaltet. Keinesfalls dürfen Gesteinsarten mit metallischen Einschlüssen in der Meerwasseraquaristik benutzt werden. So sind z.B. einige Schieferarten stark kupferhaltig. Auch Lavastücke bergen immer die Gefahr der Abgabe von Schwermetallen ins Aquariumwasser. Für den Aufbau ist stark strukturiertes Material vorzuziehen. Einerseits ist der dekorative Charakter äußerst hoch und den wirbellosen Tieren wird eine große Besiedlungsoberfläche geboten, andererseits ist die Masse weitaus geringer als bei kompaktem Gesteinsmaterial. Es muß ebenfalls darauf geachtet werden, daß ein vernünftiges Verhältnis zwischen Dekorationsaufbau und verbleibendem Wasservolumen gewahrt bleibt.

Lochgestein

Wie behandle ich Dekorationsmaterial?

Stark strukturierte Gesteine enthalten in nicht immer einsehbaren Höhlungen und Kanälen häufig erdige und pflanzliche Bestandteile. Diese können später die Wasserqualität stark beeinträchtigen. Es muß daher auf peinliche Sauberkeit geachtet werden. Ein mehrtägiges Einweichen und anschließendes Säubern oder auch eine Bearbeitung mit einem Hochdruckreiniger (ohne Reinigungsmittel) sind Möglichkeiten, diese Verunreinigungen zu beseitigen. In jüngster Zeit findet man in Zoofachgeschäften Dekorationsgestein, das aus der Brandungszone tropischer Meere stammt. Dieses Material ist nicht zu verwechseln mit lebenden Steinen. Es enthält jedoch häufig abgestorbene Reste von pflanzlichen und tierischen Organismen. Diese können bei mangelhafter Säuberung ebenfalls das Aquariumwasser stark belasten. Nach einem mehrtägigen Wasserbad kann man meist schon am Geruch des Wassers feststellen, ob eine starke Zerstzung vorliegt. Ein Nitrit- oder Nitrattest verschafft diesbezüglich Gewißheit. Eine Reinigung des Materials ist nicht einfach, denn häufig sind die organischen Reste in einer Vielzahl von feinen Kanälen und Löchern enthalten. Langfristiges „Ausfaulen" im Süßwasser oder eine Behandlung mit verdünnter Natronlauge sind empfehlenswert. Natronlauge ist stark ätzend (bitte Gummihandschuhe und Schutzbrille verwenden!). Anschließend muß gründlich gewässert werden.

Gut gereinigte Steine aus dem Angebot des Zoofachhandels

Einrichten und Einfahren

Wie baue ich die Dekoration auf?

Die Einrichtung eines Meerwasseraquariums muß einerseits die Bedürfnisse von Wirbellosen und Fischen befriedigen, andererseits soll sie einem wesentlichen Grund des Hobbys, nämlich dem ästhetischen Genuß des Betrachters eines Aquariums, entgegenkommen. Hier sind der Phantasie des Dekorateurs keine Grenzen gesetzt. Ein Felsaufbau mit wenigen großen Gesteinsstücken wirkt allgemein dekorativer als ein aus kleinen Stücken aufgebauter Schotterhang. Bei der Verwendung von kleinen Steinen wird der Aufbau rasch instabil. Eine Möglichkeit, dieses zu vermeiden, ist das Verkleben der Steine mit Silikon oder die Verwendung von Angelsehne und Kabelbindern. Dieser Grundaufbau muß so gestaltet werden, daß später Wirbellose, die häufig an einem kleinen Stein festgewachsen sind, problemlos integriert werden können. Das Einbringen der Fundamentsteine muß auf sandfreiem Boden begonnen werden, damit sie nicht von grabenden Tieren unterwühlt werden und schließlich zum Einsturz kommen. Dabei ist auf spitze Ecken und scharfe Kanten zu achten, die wie ein Dorn die Bodenscheibe zum Zerspringen bringen können. Es empfiehlt sich daher, eine Unterlage aus Kunststoff (z. B. Styropor) bzw. Plexiglas an den entsprechenden Stellen zu verwenden. Die Gestaltung wird wesentlich erleichtert, wenn man sich Skizzen anfertigt oder den Aufbau außerhalb des Aquariums schon einmal versucht. Das Vermessen der verwendeten Steine vor dem Kauf kann ebenso hilfreich sein, da man sich sehr schnell in den optischen Ausmaßen täuschen kann. Zuviel Gestein verringert den Schwimmraum der Fische; eine maßvolle Dekoration ist also angebracht. Überhänge, freistehende Säulen und relativ große, gut einsehbare Höhlen sind für Tiere und Betrachter gleichermaßen zuträglich. Der Eindruck einer Überdekoration ist allerdings schon wegen der geringeren Tiefenwirkung eines mit Wasser gefüllten Aquariums rasch gegeben.

Der Dekorationsaufbau bestimmt die spätere attraktive Wirkung des Aquariums.

Einrichten und Einfahren

Welchen Bodengrund verwende ich?

Als Bodengrund eignet sich Korallenkies. Die Körnung hängt in starkem Maße davon ab, ob man Tiere integrieren will, die im Bodengrund leben oder stark an ihn gebunden sind. Es lassen sich auch durchaus Bereiche mit unterschiedlichen Körnungen schaffen. In der Regel sollte nur eine ca. 2 cm dicke Schicht eingebracht werden. Pflegt man aber im Boden lebende Tiere, wie z.B. Brunnenbauer (*Opistognathus*), so müssen Bereiche mit mindestens 10 cm tiefem Bodengrund und grobkörniges Geröll zur Stabilisierung der Wohnröhren geboten werden. Vielleicht entschließt man sich bei der Pflege derartigen Tieren aber doch besser für ein Spezialaquarium.

Korallengrus – das beste Substrat im Riffaquarium

Einrichten und Einfahren

Wie entwickelt sich das Aquarium in den ersten Wochen?

Das Aquarium mit Dekoration, Bodengrund und eingefülltem Meerwasser steht nun bereits einige Zeit; die Technik ist in Betrieb. Das Wichtigste in der nächsten Zeit sind für den Pfleger viel Geduld und Zurückhaltung. Ständige Eingriffe, Umdekorieren, Entfernen von Algen etc. stören nur die Reifung des gesamten Systems. Schon in den ersten Tagen werden sich die ersten braunen Algen in dem aus totem Gestein und künstlichem Meerwasser aufgebauten Aquarium zeigen. Es handelt sich um Kieselalgen, die während der Einfahrzeit manchmal die gesamte Dekoration, den Bodengrund und die Scheiben überziehen. Lassen Sie die Algen wachsen! Ist die Kieselsäure aufgebraucht, dann sterben die Algen so schnell ab, wie sie gewachsen sind. Nach drei Wochen ist der Spuk meistens vorbei. Hat man Umkehrosmose-Wasser eingesetzt, dann kann sich diese Phase verkürzen oder tritt eventuell nicht auf. Bald danach beginnen die ersten grünen Algen zu wachsen. Das Wasser ist nun gereift und bekommt langsam die gewünschte Qualität. Mit jedem Tag wird man sehen, wie sich immer mehr Kleinlebewesen im Aquarium entwickeln. Durch Zugabe von etwas Bodengrund, Filtermaterial oder auch Wasser aus einem bereits funktionierenden Meerwasseraquarium läßt sich dieser Entwicklungsprozeß erheblich beschleunigen.

Die Algen der Gattung *Bryopsis* gehören zu den Erstbesiedlern.

Einrichten und Einfahren

Was sind lebende Steine?

Im Zoofachhandel werden sehr oft lebende Steine angeboten. Meist handelt es sich um verwittertes Kalkgestein aus alten Korallenformationen, das von unzähligen Kleinorganismen besiedelt wird. Diese Steine werden feucht aus den Herkunftsländern importiert, so daß viele Lebewesen die lange Reise überstehen. Sie sind die ersten Bewohner des Meerwasseraquariums, leiten die biologischen Kreisläufe ein und eignen sich deshalb sehr gut dazu, den Entwicklungsprozeß des Lebens in einem noch jungen Aquarium positiv zu beeinflussen. Man ist immer wieder erstaunt, wie vielfältig die Lebensformen sind, die sich aus dem oft tot wirkenden Gestein schon nach kurzer Zeit entwickeln können. Lebende Steine sind geeignet, gerade einem noch unerfahrenen Aquarianer den Blick für oft sehr kleine und unscheinbare Lebensformen zu schärfen. Bakterien, Algen, Schwämme, kleine Krebstiere, Schnecken, ja oft sogar kleine Korallen wachsen aus oder an den Steinen. Manche Aquarianer bauen die gesamte Dekoration aus lebendem Gestein auf. Dieses ist sehr teuer und kann auch nur dann funktionieren, wenn ein mit Wasser gefülltes Aquarium, angeimpft, eine mehrwöchige Einlaufphase hinter sich hat. Gibt man die lebenden Steine in zu frisches, aggressives Meerwasser, so stirbt viel vom kostbarem Bewuchs ab, und man erreicht das Gegenteil des Gewünschten. Außerdem besteht immer auch das Risiko, eine Reihe von Fäulnisherden durch abgestorbene Organismen in den Steinen zu haben. Gegen so entstandenes verdorbenes Wasser helfen am besten maximale Abschäumung und eine zusätzliche Belüftung. Eine Reihe von Herkunftsländern haben auch den Export zumindest großer Mengen lebender Steine stark reduziert, um eigene Naturressourcen zu schonen.

Lebende Steine sind nach wenigen Wochen von vielen Organismen überwachsen.

Einrichten und Einfahren

Wie behandle ich lebende Steine?

Beim Erwerb der Steine muß unbedingt auf Qualität geachtet werden. Die Steine dürfen nicht aus zu porösem Material bestehen, das schon bei kleinsten Beanspruchungen auseinanderbricht. Auch die Art der Hälterung des Gesteins beim Zoofachhändler kann über den biologischen Zustand Auskunft geben. Das Wasser, in dem die Steine gelagert werden, sollte klar sein, und die Steine dürfen nicht unangenehm riechen. Das Wort „Lebende Steine" wird für dieses Dekorationsmaterial nicht grundlos verwendet. Lebende Steine müssen ähnlich wie Fische oder Wirbellose transportiert werden! Bevor man die Steine ins Aquarium einbringt, sollten sie noch einmal gründlich untersucht werden. Offensichtlich abgestorbene Algen , Schwämme, Borstenwürmer oder Krabben müssen entfernt werden. Nur so bleibt das neue Aquariumwasser vor unnötigen Belastungen weitgehend verschont. Leider besteht durch die Verwendung von lebendem Gestein immer die Gefahr, daß man in das Aquarium unliebsame Gäste einschleppt. Dazu zählen z.B. bald größer werdende räuberische Krabben oder auch Glasrosen. Da aber auch beim Erwerb von festsitzenden Blumentieren mit derartigen Überraschungen gerechnet werden muß, ist dieses Risiko akzeptabel und kalkulierbar.

Frisch eingebrachte lebende Steine

Einrichten und Einfahren

Wann setze ich die ersten Tiere und Algen ein?

Mit dem Einsetzen von lebenden Steinen ist auch der Zeitpunkt gekommen, höhere Algen (z.B. *Caulerpa*) im Aquarium anzusiedeln. Diese wachsen meist zügig und drängen durch ihre Hemmstoffausscheidung und Nährstoffaufnahme lästige Schmier- und Fadenalgen zurück. Nach etwa zehn Wochen Standzeit sind die ungewünschten Algen größtenteils gewichen. Man ist damit einen großen Schritt auf dem Weg zu einem gut funktionierendem Aquarium vorangekommen. Die ersten wirbellosen Tiere können nun Einzug halten. Üben Sie sich in Zurückhaltung; das kleine Biotop ist noch sehr empfindlich, die Bakterienflora noch nicht voll entwickelt. Ein kleiner Stein, z.B. mit Krusten-oder Scheibenanemonen, kann ein guter Anfang sein. Informieren Sie sich vor dem Erwerb genau über die Licht- und Strömungsansprüche der neuen Pfleglinge und plazieren Sie die Tiere entsprechend im Aquarium. Beobachten Sie die Neuankömmlinge wenigstens eine Woche lang. Entfalten sie sich und fühlen sie sich offensichtlich wohl, kann an eine Bestandserweiterung gedacht werden. Fische dürfen zu diesem Zeitpunkt im Aquarium noch nicht angeschafft werden.

Krustenanemonen (*Palythoa*)

Scheibenanemonen (*Actinodiscus*)

Wie gewöhne ich Tiere und Algen an das neue Milieu?

Ein Infusionsschlauch oder ein Luftschlauch mit einer verstellbaren Schlauchklemme sind wichtige Gebrauchsutensilien. Die meist in einem Plastikbeutel transportierten, neu erworbenen Tiere und Pflanzen werden mitsamt Transportwasser in einen etwas größeren Behälter überführt und fortan tröpfchenweise an das Wasser des Aquariums gewöhnt. So lassen sich gravierende Sprünge des Salzgehaltes, der Temperatur und des pH-Wertes vermeiden. Gerade Garnelen reagieren auf die beschriebenen plötzlichen Milieuveränderungen des Wassers sehr empfindlich. Ob man das mit dem Aquariumwasser aufgefüllte Transportwasser anschließend verwirft, ist eine Gewissensentscheidung. Stammt das Wasser aus einem Händlerbecken, in dem nur Fische gehalten wurden, sollte das Wasser keinesfalls weiterverwendet werden, da in diesen Aquarien vielleicht Medikamente eingesetzt wurden, die Wirbellosen schaden können. Einige Tiere, z.B. Schwämme, sollten nicht mit der Luft in Kontakt kommen, da die Luft die feinen Poren des Schwammes blockieren kann.

Garnelen reagieren empfindlich auf Wasserwechsel.

Wie komplettiere ich den Besatz?

Machen sie sich zur Dauerdevise: „Wenig ist oft mehr“! Erfreuen Sie sich am Wachsen und Gedeihen Ihrer Tiere und attraktiver Algen und verfallen Sie diesbezüglich nicht in Sammlerleidenschaft. Die Pfleglinge müssen sich entwickeln können. Eine Zielvorstellung für das eigene Aquarium kann für die weitere Zukunft sehr hilfreich sein. Bei der Auswahl der Tiere muß äußerst gewissenhaft entschieden werden. Das Wohlbefinden der Pfleglinge hat absolute Priorität. Sie müssen zueinander passen und nicht alles, was im Zoofachhandel angeboten wird, eignet sich für ein Aquarium. Man darf sich deshalb nicht von Farben, Formen und Schönheit blenden lassen, ohne die Lebensbedürfnisse zu berücksichtigen. Lassen Sie sich von ihrem Zoofachhändler oder von Aquarianern beraten, stellen Sie kritische Fragen und informieren Sie sich in der Spezialliteratur über einzelne Arten, bevor Sie sich vorschnell zum Kauf entscheiden. Beachten Sie auch unbedingt den Zuwachs der Tiere, der bei einigen Leder-und Weichkorallen enorm sein kann.

Leder- und Weichkorallen kommen als Folgebesatz in Frage.

Pflegen, Füttern, Warten

Welche Pflegemaßnahmen sind notwendig?

Wie ist das mit dem Wasserwechsel?

Womit ersetze ich verdunstetes Wasser?

Wie oft muß man füttern?

Womit füttere ich?

Ist Frostfutter eine Alternative?

Ist Lebendfutter notwendig?

Wie füttert man Wirbellose?

Wie entferne ich Algen?

Wie oft reinige ich den Abschäumer?

Wie warte ich die elektrischen Anlagen und Zuleitungen?

Pflegen, Füttern, Warten

Welche Pflegemaßnahmen sind notwendig?

Neben den auf den nächsten Seiten beschriebenen Pflege- und Wartungsarbeiten gilt es, mit einem täglichen Blick den augenscheinlichen Zustand des Aquariums zu prüfen. Stimmt die Temperatur? Fühlen sich die Tiere wohl? Ist ein Stein mit einem festsitzenden wirbellosen Tier verrutscht? Sollte eine Koralle vielleicht doch an anderer Stelle plaziert werden, weil ihr Strömung oder Licht an der gegenwärtigen Stelle offensichtlich nicht behagen? Sollte die Frontscheibe wieder einmal mit Perlonwatte von Algen gereinigt werden? Laufen die Kreiselpumpen einwandfrei und sind ihre Ansaugkörbe nicht verstopft? Sie werden erkennen, wie in zunehmendem Maße der Blick geschärft wird, wie man sofort erfaßt, daß ein bestimmtes Detail der Korrektur bedarf. Gleichzeitig mit dieser Routine entwickeln sich Freude und Spaß am Wachsen und Gedeihen des kleinen Minibiotopes.

Auch die Ansaugkörbe der Kreiselpumpen müssen regelmäßig gesäubert werden.

Wie ist das mit dem Wasserwechsel?

Ein regelmäßiger Wasserwechsel sollte sein. Er ist nicht zu verwechseln mit dem Auffüllen des verdunsteten Wassers. Anders als bei den meisten Süßwasseraquarien muß das Austauschwasser gründlich aufbereitet sein. Das Wasser sollte ca. eine Woche vorher in einem PVC-Gefäß angesetzt und mit dem Aräometer die Dichte eingestellt werden. Mit einer intensiven Belüftung kann es reifen. Je kontinuierlicher der Wasserwechsel erfolgt, umso besser. Die Menge des zu wechselnden Wassers hängt von der Besatzdichte und natürlich auch vom Aquarientyp ab. Die beiden Extreme stellen wohl ein recht dicht besetztes Fischaquarium und ein mit nur wenigen Fischen besetztes Riffaquarium dar. Fünf Prozent monatlich sollten nicht überschritten werden. Der Wasserwechsel dient mehr dazu, dem Aquariumwasser neue Spurenelemente zuzufügen, als Schadstoffe zu entfernen. Das letzte Argument ist recht einfach zu begründen. Ist das Aquarium so beschaffen, daß durch Überbesetzung eine Nitrat-oder Phosphatanstieg vorliegt, halbieren Sie diesen Anstieg nur bei einem theoretischen Wasserwechsel von 50 Prozent. Auf dem neuen gestiegenen Niveau geht es in die nächste Runde. Das Ende ist absehbar.

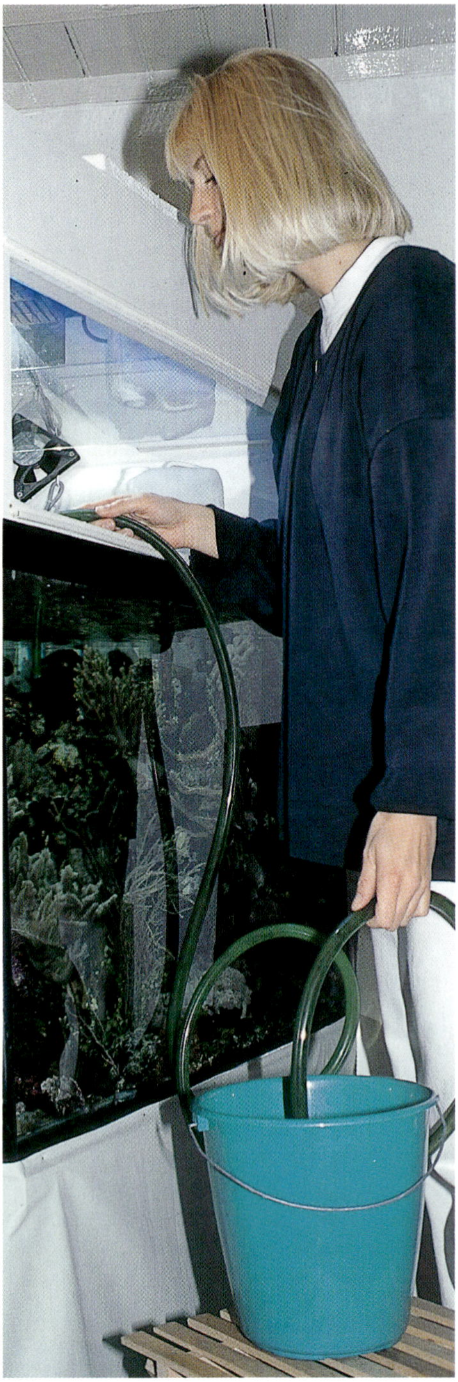

Womit ersetze ich verdunstetes Wasser?

Die Menge des verdunsteten Wassers hängt von einer Vielzahl von Faktoren ab. Sie ist sehr viel größer, wenn es sich um ein offenes Aquarium handelt, und kann im Zusammentreffen mit einer relativ niedrigen Raumtemperatur zu erheblichen Feuchtigkeitsproblemen führen. Auch die stark bewegte Oberfläche und eventuell eingesetzte offene Rieselfilter fördern die Verdunstung. Ob nun das zu ersetzende Wasser aus der Wasserleitung oder aus der Osmoseanlage gezapft wird, hängt von der Qualität des Leitungswassers ab. Ungünstige Nitrat-, Phosphat- oder Silicatkonzentrationen bestimmen leider oft das Ausweichen auf aufbereitetes Wasser. Hier bietet sich der Einsatz von Kalkwasser an, das mit Hilfe von Umkehr-Osmose-Wasser angesetzt wurde. Hat man günstige Wasserparameter beim Leitungswasser, vielleicht noch mit einer recht hohen Karbonathärte, so erweist sich das natürlich als sehr vorteilhaft.

Durch nicht abgedeckte Wasseroberflächen ist die Verdunstung groß.

Pflegen, Füttern, Warten

Wie oft muß man füttern?

Fütterungsintervalle und Futtermenge hängen von der Besetzung des Aquariums ab. Hierbei das richtige Maß und geeignete Methoden zu finden, ist gewöhnlich der Schlüssel zum Erfolg in der Meeresaquaristik. Aus der Menge der zu versorgenden Fische im Verhältnis zur Wassermenge ergibt sich das richtige Fütterungsmaß und damit das Funktionieren des Aquariums. Verkraftet das Aquarium die Futtermenge, die für das Gedeihen der darin gehaltenen Fische notwendig ist? Täglich mehrmalige, entsprechend kleine Futtergaben sind idealer als eine einmalige Großfütterung, aber natürlich zeitaufwendiger. Auf jeden Fall sollte so gezielt gefüttert werden, daß das Futter in wenigen Minuten aufgefressen ist. Reste müssen sofort entfernt werden. Beobachten Sie Ihre Tiere bei der Futteraufnahme. Kommen alle ans Futter? Die Konkurrenz kann mitunter zur Unterdrückung einzelner Fische führen. Zu beachten ist auch, daß bestimmte Arten nur frei bewegliches Futter aufnehmen, andere wiederum nur abgesunkenes. Befinden sich Garnelen oder Schlangensterne im Aquarium, so gibt es auch Verwerter von einigen Futterteilchen, die in Dekorationsspalten gelangt sind. Denken Sie bitte auch daran: Je intensiver Fische gefüttert werden, umso höher ist der Anteil unverdauter Nährstoffe in den Exkrementen. Das Füttern erfordert stets genaues Beobachten der Pfleglinge im Gesellschaftsaquarium. Will man beispielsweise kleine Fische besonders fördern, so verabreicht man mehr Feinfutter; kommt ein großer zu kurz, erhält er gezielt einen Extrabrocken. Eine zu geringe Fütterung von Fischen im Riffaquarium zugunsten der Wasserqualität ist eine Unsitte. Geringere Besatzdichte erlaubt durchaus eine biologische Pflege aller Bewohner eines solchen Aquariums.

Doktorfische brauchen insbesondere pflanzliche Nahrung.

Pflegen, Füttern, Warten

Womit füttere ich?

Im Prinzip ist die gesamte Futterpalette, die in der Süßwasseraquaristik benutzt wird, auch auf die Meerwasseraquaristik übertragbar. Natürlich muß man dabei z.B. *Tubifex* und rote Mückenlarven genauso kritisch sehen, weil sie durch ihre Herkunft bedingt oft stark mit gefährlichen Stoffen belastet sind. Auch lange Wässerung hilft da nichs; viele Schwermetalle und Phenole lagern sich im Fettgewebe der Tiere ab. *Artemia, Mysis*, Shrimps, Garnelen, Muschelfleisch, Fischrogen in Abwechslung zu Wasserflöhen, *Cyclops*, weißen und schwarzen Mückenlarven, Eintagsfliegenlarven und Grindalwürmern sind gute Futtermittel. Fischfilet und Rinderherz sind in der Regel aufgrund ihres Fettreichtums und der geringen Ballaststoffe zu meiden. Nur bei räuberischen Fischen sind sie u.U. einsetzbar, doch auch diese verzehren besser zum Beispiel Tintenfische oder Garnelen. Fischfilet ist sehr schwer verdaulich, Rinderherz zu fetthaltig. Zuträglicher sind deshalb auch in solchen Fällen Garnelen oder Futterfische entsprechender Größe. Manche Trockenfuttermittel sind kritisch zu betrachten. Sie haben mitunter einen zu hohen Fettanteil im Verhältnis zum Ballaststoffanteil. Das speziell für Meeresfische entwickelte Futter TetraMarin ist anderen vorzuziehen. Ob dabei Flocken, Granulate oder Tablettenform eingesetzt wird, hängt von der Annahmebereitschaft der Tiere ab. Auch Trockenfutter muß sparsam dosiert werden. Keinesfalls dürfen vegetarische Futtermittel unerwähnt bleiben. Nicht nur Doktorfische und Blenniiden sind an pflanzlicher Kost sehr interessiert, sondern auch Drückerfische, Kugelfische und Riffbarsche. Natürlich ist man oft froh, wenn derartige Tiere unerwünschten Algenwuchs begrenzen oder gar total beseitigen. Eine Zusatzfütterung ist in solchen Fällen mit Salat, Löwenzahn, Vogelmiere, Spinat, Chinakohl, Rosenkohl, Chicoree u.ä. notwendig. Man wird erstaunt sein, daß dabei teilweise Arten an diese Futtermittel gehen, denen man derartiges nie zugetraut hätte.

Manche Fische muß man gezielt mit Spezialitäten füttern.

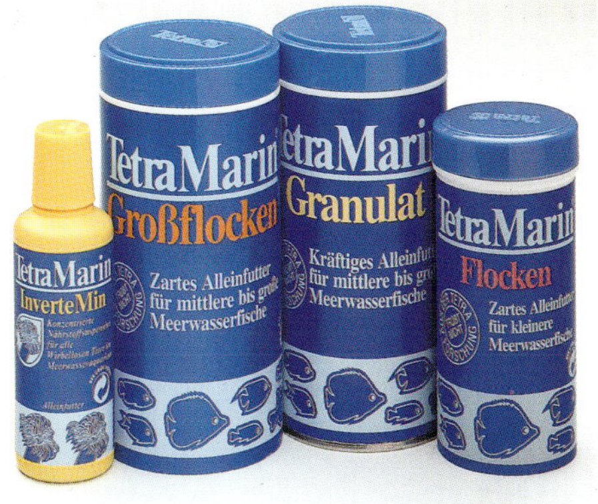

Pflegen, Füttern, Warten

Ist Frostfutter eine Alternative?

Die wenigsten Aquarianer sind in der glücklichen Lage, regelmäßig Lebendfutter einsetzen zu können. Gutes Frostfutter bietet eine Möglichkeit für eine ausgewogene Futterpalette. Aber auch hier muß unbedingt auf Qualität geachtet werden. Manche Gütemerkmale sind schwer überprüfbar, z.B. die Schnelligkeit des Einfriervorgangs. Auch Haltbarkeitsdaten werden leider von viel zu wenigen Herstellern angegeben. Ob das Futter schon einmal auf- bzw. angetaut war, sieht man mit einiger Erfahrung. Anreicherung mit im Handel erhältlichen Multivitaminkomplexen können das Futter verbessern. Ein Streitpunkt bei Frostfutter ist immer die Art der Verfütterung geblieben. Soll es nun aufgetaut oder im gefrorenen Zustand verfüttert werden? Beim Auftauvorgang tritt immer ein mehr oder weniger großer Anteil von Wasser, mit austretender Gewebsflüssigkeit vermengt, auf. Er enthält eine große Menge gelöster Nährstoffe. Gelangt diese ins Wasser, dann wird es belastet; wird er verworfen, so ist das Futter insgesamt gehaltloser. Man kann auch manche Frostfuttersorten in gefrorenem Zustand verfüttern, ohne daß die Fische dabei zu Schaden kommen. Dennoch spricht gegen das Frostfutter, daß bei der regulären Anwendung aufgetauten Futters stets ein relativ hoher Nährstoffanteil verloren geht.

Ist Lebendfutter notwendig?

Das Verhaltensinventar einiger Fische ist derartig festgelegt, daß sie nicht oder nur sehr schwer an totes Futter zu gewöhnen sind. Darüber muß man sich vor dem Erwerb klar werden und entscheiden, ob man auf Dauer bereit und in der Lage ist, diesem Umstand gerecht zu werden. Zumindest in der Eingewöhnungsphase einer Vielzahl von Arten ist ebenfalls der zeitweise Einsatz von Lebendfutter notwendig, um körperlichem Verfall zu begegnen. Oft lernen Fische recht schnell, sich auf die neuen Futtermittel einzustellen. Konkurrenz und Futterneid können dabei sogar hilfreich sein. Ganz anders gestaltet sich das häufig bei Futterspezialisten. Deren Eingewöhnung bedarf dann auch einigen Fingerspitzengefühls. Oft ist das Alter der Tiere auch mitbestimmend, ob sie schon zu sehr nahrungsgeprägt oder noch lernfähig sind. Sind sie allerdings wieder sehr jung, dann ist ihre Körpersubstanz durch lange Transportzeiten schon angegriffen und eine Futterumgewöhnung gestaltet sich als äußerst schwierig. Man sollte auch vor der Illusion warnen, daß z.B. Fresser von Korallenpolypen von ihrer natürlichen Futterpalette ablassen, wenn sie genügend anderes Futter geboten bekommen. Derartige Tiere sind ohnehin relativ schwer an andere Futtermittel zu gewöhnen und werden jede Gelegenheit dafür nutzen, Korallen abzuweiden. Ihre Haltung im Riffaquarium kann nur mit einem Mißerfolg enden. Der Glasrosenvertilger *Chelmon rostratus*, ein Pinzettfisch, ist ebenfalls nicht einfach auf anderes Futter umstellbar. Man sollte seine Bemühungen, ihn an anderes Futter zu gewöhnen, auch nicht erst dann beginnen, wenn die letzte Glasrose vertilgt ist.

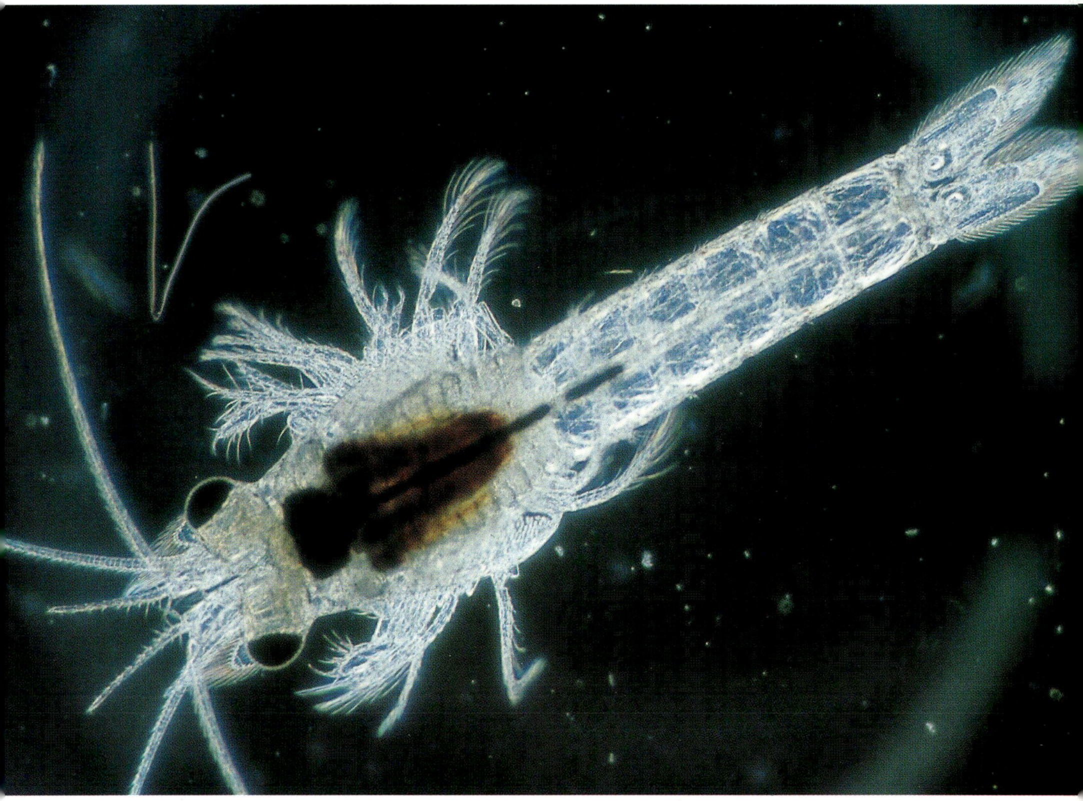

Schwebegarnele der Gattung *Mysis*

Wie füttert man Wirbellose?

Sehr viele Blumentiere leben in Symbiose mit Zooxanthellen. Solche Arten brauchen nicht gefüttert zu werden. Manche dieser symbiotischen Arten sind aber zusätzlich noch in der Lage, Futter aufzunehmen und zu verarbeiten. Beispiele dafür sind Seeanemonen und viele großpolypige Solitärsteinkorallen. Ihnen kann man, muß aber nicht, gezielt mit einer Pinzette einzelne *Mysis*, kleine Garnelen oder sogar einmal eine Futtertablette anbieten. Regelrechte Planktonfresser, wie z.B. viele farbige Weichkorallen (*Dendronephtya*) sind nur für ein Spezialaquarium geeignet, um hier gezielt den Versuch einer ausreichenden Ernährung zu erproben. Dabei sollte nicht nur auf *Artemia* zurückgegriffen, sondern auch im Dauerkulturansatz gezogenes Plankton, z.B. *Brachionus* oder *Euplotes*, eingesetzt werden. Um auch diese Schattenkorallen ebenso erfolgreich und dauerhaft halten zu können wie die lichthungrigen Arten, bedarf es ohne Frage noch vieler Forschungsarbeit.

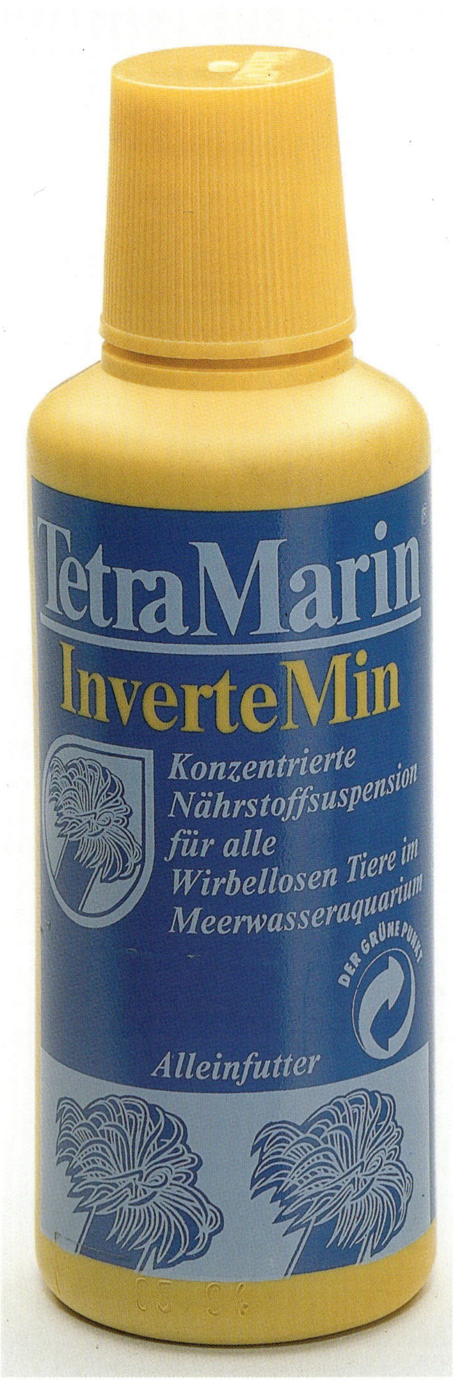

Wie entferne ich Algen?

Unerwünschtes Algenwachstum unter Kontrolle zu behalten, ist oft der entscheidende Punkt für das Funktionieren des Riffaquariums. Die Sichtscheibe kann mit Perlonwatte oder einer Bürste gereinigt werden. Leicht zu entfernende Algen können mit sehr fest sitzenden pünktchenförmigen Arten regelmäßig wechseln, je nach deren Entwicklungszyklen. Viele dieser Algen reduzieren ihr Wachstum, wenn die Belastung durch Nitrate und Phosphate im Aquarium gesenkt wird. Die Bemühungen um eine Reduzierung jener unerwünschten Algenarten, die sehr negativ die Entwicklung Wirbelloser beeinflussen können, werden durch konkurrierende höhere Algenarten (etwa *Caulerpa*) unterstützt. Diese höheren Algenarten können, wenn sie überhand nehmen, mit wenigen Handgriffen reduziert werden. Generell ist rasches Algenwachstum aber auch immer ein Zeichen für nährstoffreiches Wasser. In einem wenig belasteten Aquarium wachsen auch diese höheren Algenarten recht langsam. Man sollte sie deshalb nur reduzieren, nie vollständig entfernen, denn sie binden Schad- und Nährstoffe. Für die Entfernung von Schmier- aber auch von braunen Fadenalgen von der Dekoration, vor allem aus der unmittelbaren Nähe von festsitzenden Wirbellosen, hat sich die Benutzung einer Zahnbürste sehr bewährt. Benutzen Sie auf keinen Fall chemische Algenmittel im Meerwasseraquarium. Sie enthalten fast immer Kupfer, beseitigen nicht nur Algen, sondern auch die Zooxanthellen und die Wirbellosen selbst.

Mechanische Algenentfernung

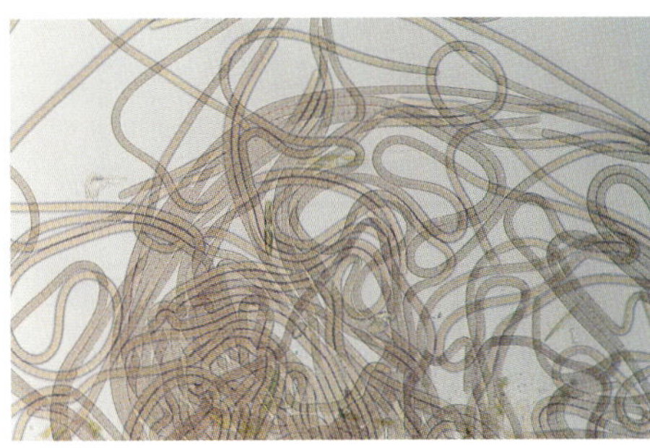

***Oscillatoria* ist eine häufige, lästige Schmieralge im Meerwasseraquarium.**

Die Schnecke *Turbo* (links) und der Goldring-Borstenzahndoktorfisch (*Ctenochaetus strigosus*) sind eifrige Algenfresser.

Wie oft reinige ich den Abschäumer?

Über die Bedeutung einer wirkungsvollen Abschäumung ist bereits berichtet worden. Um das durch die Bauweise bestimmte Abschäumpotential zu erhalten, sind regelmäßige Reinigungen unerläßlich. Die sich an der Innenwandung des Steigrohrs absetzenden fetthaltigen Verschmutzungen lassen die Schaumblasen vorzeitig zerplatzen, so daß sie nicht aufgefangen werden können. Es muß also für eine regelmäßige Reinigung des Steigrohrs, am besten mit Hilfe einer geeigneten Stielbürste, gesorgt werden. Im gleichen Arbeitsgang wird der Auffangbehälter gereinigt. Der Turnus hängt natürlich stark vom Abschäumumfang ab, er kann bei starken Verschmutzungen täglich, sollte aber auch bei schwächer belasteten Aquarien wenigstens einmal wöchentlich betragen. Größte Aufmerksamkeit muß der technischen Funktionalität gewidmet werden. Bei mit Lindenholzausströmern betriebenen Abschäumern, andere Ausströmermaterialien haben sich bislang leider nicht bewährt, muß für einen Austausch gesorgt werden. Quellvorgänge, aber auch augenscheinlicher bakterieller Befall vergrößern die ausgetriebenen Luftblasen und verkleinern damit das Abschäumvermögen. Bei Injektor-Abschäumern kann man der allmählichen Verkalkung der Düse mittels Essigreiniger wirkungsvoll begegnen. Bitte vergessen Sie nach der Reinigung niemals das gründliche Spülen mit klarem Leitungswasser. Auch in Schlauch- und Rohrleitungen kann es zu starken Ablagerungen kommen. Mittels Rohr- bzw. Flaschenbürsten sollte auch hier in regelmäßigen Abständen für Sauberkeit und guten Durchfluß gesorgt werden. Durch Einsatz von lichtundurchlässigen Rohrleitungen kann der Reinigungsaufwand stark verringert werden, da lästiger Algenwuchs wegfällt.

Ein verschmutztes Steigrohr behindert die Abschäumung.

Wie warte ich die elektrischen Anlagen und Zuleitungen?

Elektrischer Strom im Zusammenhang mit der hohen Leitfähigkeit von Meerwasser beinhaltet immer eine Gefahr. Ein vom Fachmann installierter Fehlerstromschutzschalter (FI-Schalter) ist dringend erforderlich. Bei Reinigungs- und Wartungsarbeiten an elektrischen Geräten (Lampen, Heizer, Pumpen) muß die elektrische Zuleitung unbedingt unterbrochen sein. Ziehen Sie besser den Stecker aus der Steckdose, als den am Kabel eventuell vorhanden Schalter an flexiblen Kabeln zu betätigen. Lassen Sie erhitzte Lampen und Schutzgläser abkühlen, bevor Sie diese reinigen. Verschmutzte Reflektoren, Lampen und Schutzgläser reduzieren die Lichtausbeute ganz erheblich. Für alle kalkhaltigen Verunreinigungen eignet sich ein Essigreiniger, sofern anschließend die gereinigten Flächen gründlich gespült werden können. Die meisten Verunreinigungen enthalten Kalk, so daß die organische Essigsäure gute Dienste leistet.

FI-Schutzschalter

Messen und Reagieren

Kann die Beobachtung die Messung ersetzen?

Welche Ursachen hat ein sinkender pH-Wert?

Wie reagiere ich auf einen sinkenden pH-Wert?

Was ist Kalkwasser?

Wie setze ich das Kalkwasser zu?

Gibt es eine schnelle Notlösung?

Was ist ein Kalkreaktor?

Ist der Kalkreaktor die Dauerlösung?

Welche Probleme entstehen bei der Zugabe von Kalziumchlorid?

Wie messe ich Nitrit und Nitrat?

Was tun bei steigenden Nitratwerten?

Woher kommt der Phosphatanstieg?

Wie reagiere ich auf zu hohen Phosphatgehalt?

Messen und Reagieren

Kann die Beobachtung die Messung ersetzen?

Während der Beschäftigung mit dem Hobby Aquaristik wächst die Erfahrung. Ein geschultes Auge erkennt meist sofort ein abnormes Verhalten der Tiere. Es bedarf aber dennoch einiger Erfahrung, um Ursache und Wirkung im Zusammenhang zu sehen. Ein regelmäßiges Messen der Wasserparameter bei noch nicht ausreichender Routine lohnt immer. Dokumentiert man die Meßergebnisse, so kann bei plötzlich auftretenden Auffälligkeiten die Beziehungskette „Wirkung – Ursache" rascher erkannt werden. Nitrit in einem gut eingefahrenen Meerwasseraquarium regelmäßig zu messen, hat fast nur noch theoretischen Wert. Unter Umständen liefert die Messung bei einem neu einzufahrenden Aquarium die Erkenntnis, daß die eingesetzten lebenden Steine wohl doch nicht mehr lebend waren. Die Nitrat- und Phosphatkonzentration zu messen, ist sinnvoll, ein erfahrener Aquarianer erkennt allerdings meist auch schon am Algenwuchs in seinem Aquarium, wie sich die Situation darstellt. Den pH-Wert sollte man auf jeden Fall regelmäßig messen, auch seine tageszeitlichen Schwankungen, d.h. den Unterschied zwischen den Werten bei Beginn und Ende der Beleuchtungsphase, feststellen. Im unmittelbaren Zusammenhang damit sind Messungen der Karbonathärte erforderlich. Bei Riffaquarien ist auch die Konzentration von Kalzium ein wichtiger Meßwert, der im unmittelbaren Zusammenhang mit dem Vorhandensein oder Fehlen (zu geringer Kalzium- oder Karbonatgehalt) der hellen Wachstumsspitzen bei riffbildenden Steinkorallen zu sehen ist. Wachstumsstagnation läßt sich an *Acropora*-Steinkorallen am besten erkennen.

Die regelmäßige Beobachtung des Aquariums ist wichtig.

Messen und Reagieren

Welche Ursachen hat ein sinkender pH-Wert?

Es gibt verschiedene Möglichkeiten, den pH-Wert zu bestimmen. Die im Fachhandel angebotenen kolorimetrischen Tests für den Meerwasserbereich liefern Näherungswerte, die aber ausreichend sind, wenn regelmäßig gemessen wird und Tendenzen von pH-Wert-Veränderungen beobachtet werden sollen. Noch genauere Werte liefert ein kalibrierfähiges pH-Meter, das aber auch regelmäßig kalibriert werden muß. Auch die Elektroden dieser Geräte müssen gepflegt werden. Die bei den organischen Umsetzungsprozessen ablaufenden Reaktionen liefern viele organische Säuren. Diese verringern die Hydrogenkarbonatkonzentration (Karbonathärte). Auch entstehendes Nitrat (Salpetersäure) verdrängt das Hydrogenkarbonat. Mit abnehmendem Hydrogenkarbonatgehalt verliert das Meerwasser die Pufferkapazität für die entstehenden Säuren, der pH-Wert sinkt. Man sollte also nicht nur den pH-Wert, sondern mit einem kolorimetrischen Test auch regelmäßig die Karbonathärte ermitteln, um gegebenenfalls rechtzeitig Gegenmaßnahmen einleiten zu können.

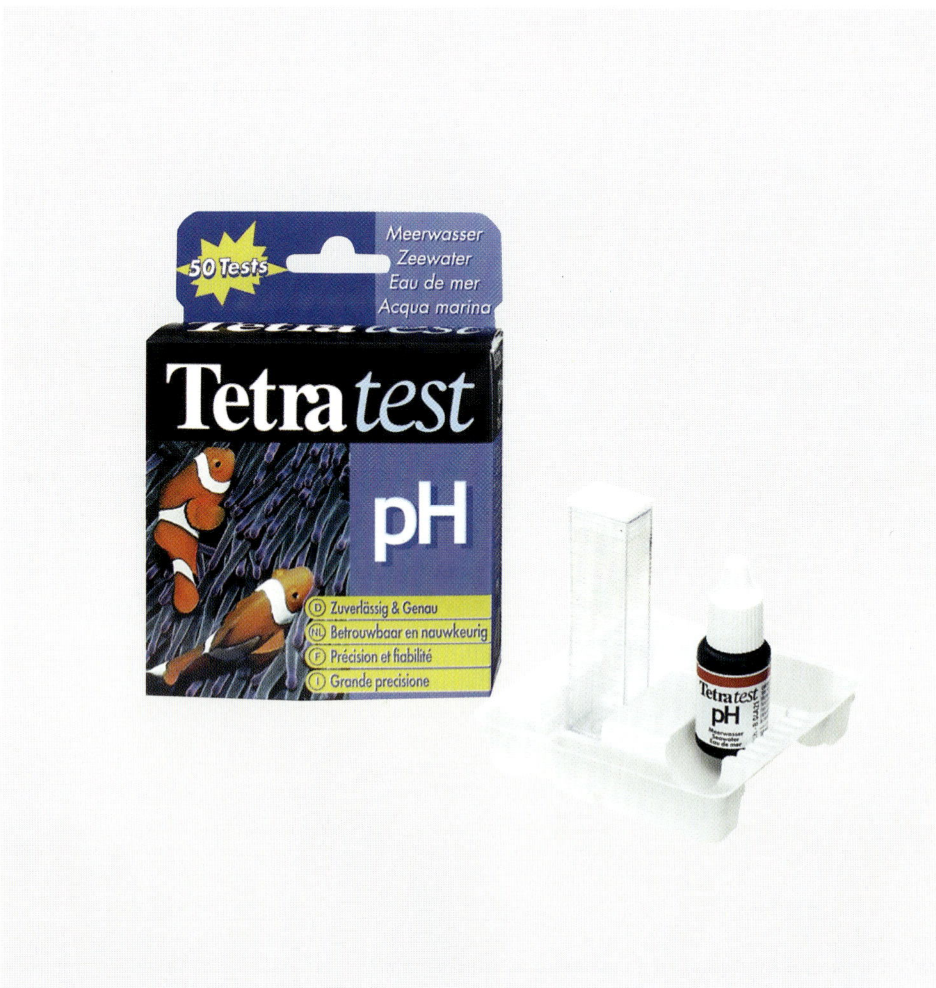

Wie reagiere ich auf einen sinkenden pH-Wert?

In einem Meerwasseraquarium muß ständig eine ausreichend hohe Karbonathärte gewährleistet sein. Im natürlichen Meerwasser beträgt die Karbonathärte etwa 8° dKH (ca. 2,9 mmol/L) . Für Meeresaquarien hat sich jedoch ein deutlich höherer Wert bewährt. Eine Anhebung der Karbonathärte auf 14° dKH hat sich aufgrund des daraus resultierenden sehr guten Puffervermögens als ideal erwiesen. Man darf eben nicht vergessen, daß im Aquarium die Belastung des Wassers durch organische Abbauprozesse und die damit einhergehende Bildung von Säure im Vergleich zum Meer viel größer ist. Die Aufrechterhaltung einer genügend hohen Karbonathärte läßt sich durch regelmäßiges Ersetzen des verdunsteten Wassers mittels Kalkwasser erreichen. Auch der Einsatz eines Kalkreaktors ist eine praktische, wenngleich aber auch nicht ganz ungefährliche Methode.

***Heliofungia actiniformis*, eine Pilzsteinkoralle, reagiert empfindlich auf pH-Wert-Veränderungen.**

Messen und Reagieren

Was ist Kalkwasser?

Zur Herstellung von Kalkwasser wird Kalziumhydroxid ($Ca(OH)_2$) vorzugsweise in Umkehr-Osmose-Wasser gelöst. Es entstehen Kalzium-Ionen (Ca^{2+}) und Hydroxid-Ionen ($2\ OH^-$). Kalkwasser ist stark basisch; im gesättigten Zustand hat es einen pH-Wert von ca. 12,4. Die Herstellung des Kalkwassers erfolgt am besten in einem PVC-Kanister. An der Schmalseite des Kanisters klebt man ca. 5 cm über dem Boden einen Auslaufstutzen ein. Die Auslaufmenge läßt sich über einen kleinen Kugelhahn präzise einstellen. In den Kanister werden einige Eßlöffel Kalziumhydroxid eingebracht. Die Füllung muß auf jeden Fall unterhalb des Auslaufstutzens bleiben. Anschließend wird der Kanister mit Osmose-Wasser randvoll aufgefüllt und sofort luftdicht verschlossen, so daß kein Kohlendioxid aus der Umgebungsluft hineingelangen kann. Anderenfalls würde sich nämlich das Kalziumhydroxid zu unbrauchbarem Kalziumkarbonat umwandeln und einen Niederschlag im Kanister bilden. Durch mehrmaliges Schütteln entsteht eine milchig trübe Flüssigkeit, die nach einem Abstehen von etwa zwölf Stunden in das Aquarium eingeleitet werden kann. Da unvermeidbar eine geringe Menge Kohlendioxid mit jeder Wiederauffüllung in den Kanister gelangt, verliert das Kalziumhydrixid-Pulver im Verlauf einer Woche seine Wirkung und muß erneuert werden. Wenn beim Einfüllen des Kalkwassers ins Aquarium keine weißlichen Schlieren mehr auftreten, so ist der Zeitpunkt für das Ersetzen des Kalziumhydroxid-Pulvers gegeben. Noch deutlicher erkennt man die Qualität des Kalkwassers an seiner Klarheit: Klärt es sich im Kanister nicht mehr und bleibt milchig trüb, so ist der Ansatz zu erneuern. Den Kanister sollte man nach einigen Monaten mit verdünnter Salzsäure reinigen, da sich auch durch an seinen Innenflächen niedergeschlagenes Kalziumkarbonat die Qualität des Kalkwassers verschlechtert.

Kanister zur Aufbereitung von Kalkwasser

Wie setze ich das Kalkwasser zu?

Wegen seines hohen pH-Wertes darf man das Kalkwasser nur langsam (tröpfchenweise) dem Aquariumwasser zuführen. Der günstigste Zeitpunkt ist der Beginn der Beleuchtungsphase, da am Ende der Dunkelphase (während der die Algen Kohlendioxid an das Aquariumwasser abgeben) der pH-Wert im Aquarium am niedrigsten ist. Den Einlaufpunkt legt man am besten in den Bereich starker Verwirbelung, um für eine sofortige gute Verteilung zu sorgen. Der Ablaßhahn muß in regelmäßigen Abständen gereinigt werden, da Kalkablagerungen eine präzise Einstellung erschweren. Da nur die klare Flüssigkeit oberhalb des Auslaufstutzens abfließt, verbleibt das Kalziumhydroxid im Kanister. Dieser wird anschließend mit Osmose-Wasser wieder aufgefüllt. Die zeitliche Abhängigkeit der Kalkwasserzugabe vom Beleuchtungszyklus ist ein häufiges Problem. Es hat sich oft bewährt, den Beginn der Beleuchtungsphase in die Feierabendzeit zu legen und das Aquarium tags zu verdunkeln. So hat man die richtigen Zeiteinteilungen für Handhabungen, aber natürlich auch für Freude am Aquarium. Nicht jedem Berufstätigen ist es möglich, sich morgens der zeitaufwendigen Zugabe von Kalkwasser zu widmen. Abends hat man in jedem Fall genügend Spielraum für anfallende Arbeiten und vor allem für ausgiebige Beobachtungen am Aquarium.

Beim Einfüllen des Kalkwassers muß es sofort verwirbelt werden.

Messen und Reagieren

Gibt es eine schnelle Notlösung?

Ist es, aus welchen Gründen auch immer, doch zu einer gefährlichen pH-Wert-Absenkung gekommen, muß sofort reagiert werden. Ein Gemisch aus Natriumhydrogenkarbonat und Natriumkarbonat im Verhältnis 5:1 ist eine Möglichkeit, um kurzfristig den pH-Wert wieder anzuheben. Man erreicht damit eine Steigerung der Karbonathärte, das Element Kalzium wird dem Wasser aber nicht zugeführt. Man hüte sich vor einer Überdosierung (schrittweises Zuführen unter immer ständiger pH-Wert-Kontrolle); ein zu hoher Anstieg des pH-Wertes kann den Tieren ebenfalls Schaden zufügen. Ein über den Tag stabiler pH-Wert um 8,2 ist anzustreben.

Schnelles Reagieren rettet wertvolle Tierbestände.

Messen und Reagieren

Was ist ein Kalkreaktor?

Durch die tägliche Zugabe von Kalkwasser werden dem Aquariumwasser verbrauchte Kalzium- und Hydrogenkarbonat-Ionen zugeführt und gleichzeitig die Pufferkapazität des Meerwassers aufrechterhalten. Es gibt aber bedenkenswerte Probleme bei diesem Verfahren. Das stark alkalische Kalkwasser kann bei zu hoher Dosierung bzw. zu rascher Zugabe zu einer starken pH-Wert-Anhebung des Aquariumwassers führen. Daher muß es über einen längeren Zeitraum, langsam-tröpfchenweise dosiert, möglichst zu Beginn der Beleuchtungsphase dem Aquariumwasser zugeführt werden. Andererseits verliert im Kanister angesetztes Kalkwasser durch Kohlendioxidaufnahme und Ausfällvorgänge rasch an Wirksamkeit. Diese Überlegungen führten zum Bau von sogenannten Kalkreaktoren, in denen aus Kalziumhydroxid oder Korallenbruch und kontinuierlich zugeführtem Kohlendioxid schließlich Kalziumhydrogenkarbonat gebildet wird. Der Vorteil dieser automatisierten Methode liegt eindeutig in der regelmäßigen Zugabe von gehaltvollem Kalkwasser bei gleichmäßiger Dosierung. Neben dem hohen Anschaffungspreis für eine derartige Anlage schlägt aber auch der Eintrag von überschüssigem Kohlendioxid ins Aquarium negativ zu Buche. Manche Reaktoren arbeiten mit einer automatischen Zuspeisung von Umkehrosmosewasser, andere werden in einem Kreislauf betrieben, indem sie Wasser aus dem Aquarium direkt mit Hydrogenkarbonat und Kalzium anreichern.

Ist der Kalkreaktor die Dauerlösung?

Unzweifelhaft ist die Grundidee des Kalkreaktors ein Meilenstein auf dem Weg zu einer noch erfolgreicheren Meeresaquaristik. Trotzdem sind eine Reihe sehr erfolgreicher Aquarianer vom Kalkreaktor wieder abgegangen, weil sich der Eintrag von Kohlendioxid für ihr Aquarium als nachteilig erwies. Dabei handelte es sich sowohl um über den Fachhandel erworbene sowie selbst gebaute Geräte. Die Folge des CO_2-Eintrages war ein langsames Absinken des pH-Wertes und oftmals entwickelte sich eine Faden-und Schmieralgenproduktion, unter der viele Wirbellose litten. Der von höheren Algen und Zooxanthellen gewünschte Bedarf an Kohlendioxid ist, abhängig vom Besatz, in jedem Aquarium unterschiedlich hoch, und die Einstellung der Zufuhr von CO_2 am Reaktor muß sehr individuell vorgenommen werden. Leider scheinen aber bei manchen Aquarien die Algenprobleme schon da zu beginnen, wo man noch ein ganzes Stückchen unterhalb einer ausreichenden Versorgung mit Karbonaten und Kalziumionen durch den Kalkreaktor liegt. Selbst bei Reaktoren, bei denen das überschüssige CO_2 auf langen Wegen über Korallengrus und anschließend zum Austrieb in die Luftblasen des Abschäumers geleitet wurde, kam es zu diesen negativen Erscheinungen. Inwieweit das Kohlendioxid die Algenwachstumsprozesse nur begünstigte, ist schwer feststellbar. Auf jeden Fall bekamen Aquarianer das Problem wieder in den Griff, wenn sie den Kalkreaktor aus dem Kreislauf entfernten. Darunter waren auch Aquarianer, die reines Kalziumkarbonat und nicht Korallenbruch für die Füllung des Reaktors verwandten. Kritiker hatten auf den Eintrag von Phosphaten bei Verwendung von Korallenbruch hingewiesen, das die Korallen im Meer in ihr Skelett eingebaut hatten. Die Meeresaquaristik gibt auch in diesem Bereich Anlaß zu weiteren Experimenten.

Messen und Reagieren

Welche Probleme entstehen bei der Zugabe von Kalziumchlorid?

Neben dem Erhalt der Pufferkapazität des Meerwassers durch eine stabile Karbonathärte ist wiederholt die Bedeutung des Elementes Kalzium angesprochen worden. Um die erwähnten Probleme bei der Verwendung von Kalziumhydroxid bei der Herstellung von Kalkwasser zu umgehen, haben manche Aquarianer auch ein Gemisch von Kalziumchlorid und Natriumhydrogenkarbonat im Verhältnis von 77 zu 72 eingesetzt. Das dabei entstehende Kalziumhydrogenkarbonat ist erwünscht, das sich zusätzlich anreichernde Natriumchlorid (Kochsalz) jedoch nicht. Diese Methode ist zwar sehr bequem, die Einhaltung des Mischungsverhältnisses muß aber äußerst exakt erfolgen. Bei einer Daueranwendung dieser Methode ist zu beachten, daß es zu einer langsam voranschreitenden Verschiebung des Ionengleichgewichtes im Meerwasser zugunsten des Kochsalzanteils kommt. Das läßt sich jedoch verhindern, indem man den beiden Salzen im entsprechenden Verhältnis natriumchloridfreies Meersalz beimischt, das von einigen Herstellern angeboten wird.

Messen und Reagieren

Wie messe ich Nitrat?

Für einen Nachweis von Ammoniak, Nitrit und Nitrat bietet der Fachhandel von verschiedenen Herstellern zuverlässige kolorimetrische Tests an. Da beide zuerst genannten Stoffe schon in geringen Konzentrationen extreme Gifte für Fische und Wirbellose sind, ist diese Genauigkeit nur theoretischer Natur, denn ein Nachweis im Aquarienwasser zieht meist schon sichtbare Schädigungen der Tiere nach sich. Bei Fischen ist eine hohe Atemtätigkeit und der Versuch, an der Wasseroberfläche nach Luft zu schnappen, ein alarmierendes Indiz für hohe Konzentrationen. Grundsätzlich sollten diese beiden Stoffe mit den üblichen Schnelltests im Aquarium nicht nachweisbar sein. Sind sie nachweisbar, muß man von gravierenden Störungen im System ausgehen. Der Nitrattest ist relativ ungenau, jedoch aussagekräftig genug, um sich entwickelnde Nitratanstiege erkennbar werden zu lassen. Eine regelmäßige Messung, vor allem für Aquarianer, deren Aquarium sich noch in der Einlaufphase befindet, ist deshalb wichtig. Keinesfalls sollten die nur für Süßwasser geeigneten Papierteststreifen eingesetzt werden, da sie für Meerwasser viel zu ungenau reagieren. Pflegt man Steinkorallen, dann sollte Nitrat im Aquarium möglichst nicht nachweisbar sein. Werte von etwa 10mg/l Nitrat sind erfahrungsgemäß die äußerste Grenze. Für empfindliche Arten, gerade für riffbildende Steinkorallen, sind Werte von 10mg/l Nitrat auf die Dauer zu hoch. Fische und einige robuste Wirbellose vertragen zwar höhere Nitratkonzentrationen, sie beeinflussen jedoch deren Entwicklung und Wohlbefinden negativ. Hohe Nitratkonzentrationen hemmen die Zellentwicklung. Der nach der EU-Norm festgelegte Grenzwert von 50mg/l Nitrat für Trinkwasser ist für die Haltung empfindlicher Tiere schon viel zu hoch.

Messen und Reagieren

Was tun bei steigenden Nitratwerten?

In einem gut eingefahrenen und vernünftig besetzten Riffaquarium überschreiten die Nitratwerte die kritische Grenze nicht. Ein Anstieg ist immer ein Zeichen dafür, daß dem Aquarium zu viele organische Stoffe (z.B. durch die Fütterung) zugeführt werden. Diese organischen Substanzen werden von den Organismen des Aquariums verarbeitet, wobei der in ihnen gebundene Stickstoff nach der Nitrifikation als Nitrat vorliegt. In einem gut funktionierendem Riffaquarium mit einem mäßigen Fischbesatz werden die anfallenden Nitrate von höheren Algen und den Zooxanthellen der Wirbellosen sowie in diversen Substraten siedelnden denitrifizierenden Bakterien verarbeitet. Wird zu stark gefüttert oder ist der Besatz an Fischen so groß, daß die notwendige Futtermenge zu einem Nitratanstieg führt, muß eingegriffen werden. Sinnvoll ist eine Reduzierung der Fischdichte, denn in jedem Fall sind derartig hohe Besetzungen auch mit Streßfaktoren für die Fische verbunden. Auch wenn man sich entschließt, das Problem mit einem Nitratfilter in den Griff zu bekommen, sollte auf die Überbesetzung mit Fischen unbedingt reagiert werden.

Auch die Zooxanthellen verarbeiten Nitrat.

Messen und Reagieren

Woher kommt der Phosphatanstieg?

Der Phosphatgehalt des Meerwassers kann mit einem kolorimetrischen Tropftest relativ genau gemessen werden. Dieser essentielle, also lebenswichtige Stoff ist in vielen organischen Verbindungen enthalten. Wirbellose und Fische bauen ihn in ihr Gewebe ein. Überschreitet der Phosphatwert jedoch seine im natürlichen Meerwasser gegebene Konzentration von ca. 0,015mg/l, dann wirkt er hemmend auf einige Stoffwechselvorgänge, andere hingegen (das Wachstum schädlicher Algen) begünstigt er enorm. Wie beim Einschwemmen von Phosphaten aus überdüngten Feldern in Teiche und Seen kommt es zu explosionsartigem Wachstum von bestimmten Algenarten. Diese oder ähnliche Erscheinungen treten auch im Meerwasser auf. Phosphat ist häufig schon im Leitungswasser vorhanden. Ein nicht zu unterschätzender Teil gelangt auch durch das Futter ins Aquarium. Absterbende Organismen, wie z.B. zerfallende höhere Algen, geben gebundenes Phosphat an das Aquarienwasser ab. In jüngster Zeit wird auch in Kalkreaktoren verwendeter Korallenbruch als Phosphatquelle diskutiert. Das von den Korallen ins Skelett eingebaute Phosphat wird beim Betrieb des Kalkreaktors durch das eingeblasene Kohlendioxid gemeinsam mit Karbonaten und Kalzium freigesetzt.

Durch Phosphaterhöhung kommt es oft zum verstärkten Wachstum unerwünschter Algen, hier zum Beispiel *Vallonia*.

Wie reagiere ich auf zu hohen Phosphatgehalt?

Ist der Phosphatgehalt im Leitungswasser zu hoch, so muß eine Umkehrosmose-Anlage eingesetzt werden. Wie beim Nitratanstieg sollte auch beim Phosphat die Belastung des Aquariums durch die Fütterung einer kritischen Analyse unterzogen werden. Liegt da die Ursache des Problems, dann muß der Besatz an Fischen reduziert werden. Der Fachhandel bietet seit einigen Jahren Flüssigpräparate an, mit denen Phosphat gebunden werden kann, das hierdurch entweder abschäumbar wird oder unlöslich ausfällt. Ins Aquarium eingehängte Eisenfeilspäne erfüllen ebenso den Effekt des Ausfällens von Phosphat. Auch beim kurzzeitigen Einsatz von Ozon werden Phosphate abgeschäumt, da sie sich offensichtlich an die Zerfallsprodukte der Gelbstoffe (Fulvosäuren) anlagern. Besonders bei der Haltung von Steinkorallen sollte der Phosphatentfernung große Aufmerksamkeit geschenkt werden, da es durch Bindung des Kalziums die Kalksynthese der Korallen erheblich behindert. Dann reduziert sich die Stabilität ihrer Skelette und die Anfälligkeit gegenüber kalkbohrenden Grünalgen nimmt zu.

Tridacna derasa **ist besonders empfindlich gegenüber zu hohem Phosphatgehalt.**

Viele Fragen um das Riffaquarium

Wie baut man ein Riffaquarium auf?

Wo plaziere ich die festsitzendenWirbellosen?

Wieviel Zuwachs bei den festsitzenden Wirbellosen muß man einkalkulieren?

Wie ist das mit der Konkurrenz bei festsitzenden Wirbellosen?

Kann man Stecklinge produzieren?

Gibt es ungeeignete Wirbellose für das Riffaquarium?

Wieviel Fische verträgt ein Riffaquarium?

Was muß bei der Vergesellschaftung von Fischen beachtet werden?

Welche Fische fressen Algen?

Welche Fische eignen sich für das Riffaquarium?

Gibt es auch unterschiedliche Erfahrungen mit Fischen?

Warum muß man sich vor Verallgemeinerungen hüten?

Gibt es Probleme bei der Vergesellschaftung von Fischen?

Können Fische im Riffaquarium nachgezogen werden?

Wie ist das mit der Haltung von Schnecken?

Kann man farbige Nacktschnecken problemlos ins Aquarium setzen?

Gibt es giftige Tiere im Korallenriffaquarium?

Kann ich Seesterne einsetzen?

Wie ist das mit Seeigeln und Mördermuscheln?

Gibt es unerwünschte Algen im Riffaquarium?

Wie ist das eigentlich mit roten Kalkalgen?

Kann ich Schwämme wachsen lassen?

Welche Krebstiere sind fürs Riffaquarium geeignet?

Sind Seegurken haltbar?

Was mache ich gegen Glasrosen ?

Wie bekämpfe ich Planarien ?

Welche Gorgonien sind für ein Riffaquarium geeignet?

Was ist die Blaue Koralle?

Viele Fragen um das Riffaquarium

Wie baut man ein Riffaquarium auf?

Die Steine müssen gut strukturiert sein und fest verankert werden.

Grundlegende Dinge der Gestaltung eines Meerwasseraquariums wurden schon auf den Seiten über die Einrichtung beschrieben. Einige weitere Tips sollen helfen, die individuellen Vorstellungen mit optisch ansprechenden, aber gleichzeitig zweckmäßigen Möglichkeiten zu verbinden.
Für den Grundaufbau der Dekoration sollten möglichst große, gut strukturierte Steine benutzt werden. Die Strukturierung darf allerdings nicht auf Kosten der Festigkeit der Steine gehen. Probieren Sie den Aufbau außerhalb des Aquariums! Beim Einbau in das Aquarium muß für eine hohe Standfestigkeit gesorgt sein. Halten Sie für Reinigungszwecke genügend Abstand zur Sichtscheibe ein und berücksichtigen Sie dabei auch Größe, Wachstum und Substrat der anzusiedelnden Wirbellosen. Errichten Sie den Aufbau nicht parallel zur Frontscheibe, sondern arbeiten Sie mit Vorsprüngen und Rückstufungen. Lassen Sie möglichst bis zur Rückseite reichende Durchbrüche frei. Dadurch gewinnt das Aquarium optisch an Tiefe. Gestalten Sie verschiedene Ebenen, möglichst mit Überhängen, Höhlen und Vorsprüngen. Errichten Sie keine symmetrischen Aufbauten, denn sie wirken stets unnatürlich.

Eine gute Grundstruktur der Gestaltung mit Gestein läßt später eine riffähnliche Unterwasserlandschaft entstehen.

Viele Fragen um das Riffaquarium

Wo plaziere die festsitzenden Wirbellosen?

Bei der Unterbringung der stationären Wirbellosen im Steinaufbau möchte man natürlich den besten dekorativen Wert erzielen. Das wird einem aber nur dann gelingen, wenn die Tiere an den entsprechenden Plätzen ihnen zusagende Bedingungen vorfinden. Sehr wichtige Parameter sind diesbezüglich Strömung, Beleuchtungsstärke und der Abstand zu benachbarten, also konkurrierenden Wirbellosen.

Lichthungrige solitäre Steinkorallen gehören also in die oberen Regionen, Krustenanemonen und Scheibenanemonen besiedeln bodennahe Vorsprünge oder Terrassen. Viele Schwämme ohne symbiontische Algen bevorzugen Stellen unter beschatteten Überhängen. Man muß also auch schon beim Dekorationsaufbau an den gewünschten späteren Tierbesatz denken. Sollen nach einer ausreichend langen Einlaufphase Steinkorallen im Aquarium gepflegt werden, dann müssen die dafür vorgesehenen Standplätze frei bleiben. Man besetzt diese Standorte zunächst am besten mit *Caulerpa*, also höheren Blattalgen. Diese begünstigen durch Aufnahme von Nitraten und Phosphaten die Einlaufphase, verhindern dadurch das Wachstum ungewünschter Algen und lassen sich zudem jederzeit zurückstutzen.

Steinkorallen brauchen stark beleuchtete Standorte.

Viele Fragen um das Riffaquarium

Wieviel Zuwachs bei den festsitzenden Wirbellosen muß man einkalkulieren?

Einige Korallen haben enorme Zuwachsraten. Als Beispiele seien nur einige *Nephthea*-Weichkorallen und *Sarcophyton*-Lederkorallen genannt. Auch Krusten- und Scheibenanemonen können bald ganze Flächen bedecken. Ähnliches gilt für einige *Xenia*-Weichkorallen. Derartige Zuwachsraten lassen sich aber niemals verallgemeinern. So kommt es mitunter vor, daß die eben genannten Arten in unterschiedlichen Aquarien unter scheinbar gleichen Bedingungen ganz unterschiedlich gedeihen, manchmal sogar überhaupt nicht anzusiedeln sind. Über die Gründe für derart unterschiedliche Erfahrungen wissen wir bislang sehr wenig. Man muß immer wieder erneut experimentieren und kann nicht nach einem Rezept verfahren.

Viele Wirbellose haben enorme Zuwachsraten.

Viele Fragen um das Riffaquarium

Wie ist das mit der Konkurrenz bei festsitzenden Wirbellosen?

Am häufigsten werden in Riffaquarien festsitzende Blumentiere gepflegt, die in Symbiose mit Zooxanthellen leben und keinen bzw. sehr geringfügigen Planktonfang betreiben. Dennoch setzen diese Arten Nesselgifte ein. Sie schützten sich vor Freßfeinden, nutzen ihre Waffen aber auch im Konkurrenzkampf um den Platz am Licht. Über Verträglichkeit bzw. Unverträglichkeit der verschiedenen Arten ist bisher recht wenig bekannt. Auf jeden Fall muß man aber beim Nichtgedeihen bestimmter Wirbelloser auch den Konkurrenzfaktor benachbarter Tiere mit ins Kalkül ziehen. Das gilt insbesondere dann, wenn deren Größe oder Vermehrungsrate ganz offensichtlich ihre Überlegenheit dokumentieren. Manchmal muß dann rigoros eingegriffen werden, damit sich keine Monokultur entwickelt. Beim Konkurrenzkampf zwischen riffbildenden Steinkorallen, die inzwischen auf dem Steinaufbau festgewachsen sind, muß man manchmal auch tatenlos zusehen, wie die eine Art eine andere langsam aber stetig überwächst – ein natürlicher, in jedem Korallenriff zu beobachtender Vorgang.

Viele Fragen um das Riffaquarium

Kann man Stecklinge produzieren?

Tatsächlich ist eine der häufigsten in Gärtnereibetrieben praktizierte Vermehrungsart, die Stecklingsbildung, auch in einem Riffaquarium bei vielen Korallen durchführbar. Diese ungeschlechtliche Vermehrungsart per Schnitt ist eine einfache Methode, jene Art auch an anderer Stelle im Aquarium anzusiedeln oder an einen anderen Aquarianer abzugeben. Bei größeren Weichkorallenarten und bei Gorgonien, die jeweils mit Zooxanthellen leben, kann man mit Hilfe einer sehr scharfen Schere, besser noch mit einem Skalpell, einzelne Äste abtrennen. Werden diese an geeigneter Stelle fixiert (dazu eignen sich hervorragend Kabelbinder), dann verheilt die Schnittstelle schnell und die Koralle wächst zügig weiter. Auch bei vielen Lederkorallen lassen sich Stecklinge produzieren. Entfernt man z.B. zu groß gewordene *Sarcophyton*-Lederkorallen durch vorsichtiges Ablösen vom Substrat, so entwickeln sich aus winzigen verbliebenen Geweberesten bald wieder einige neue Korallensprößlinge. Riffbildende Steinkorallen werden, durch vorsichtiges Abbrechen oder Abschneiden mit einem Seitenschneider vermehrt. Damit die Ablegeäste sicher und dauerhaft stabil anwachsen, muß man sie ausreichend tief in einem entsprechend engen Gesteinsloch feststecken. Wählt man als Substrat einen separaten, kleinen Kalkstein, so hat das zwei Vorteile: Zum einen kann man so auf bequeme Weise ein exakt passendes Loch in das Substrat bohren, zum anderen hat man bei solchen Jungkorallen mit Eigensubstrat über längere Zeit die Möglichkeit, sie umzuplazieren.

Viele Fragen um das Riffaquarium

Gibt es ungeeignete Wirbellose für das Riffaquarium?

Die gemeinsame Haltung von Blumentieren mit Zooxanthellen sowie jenen Arten, die keine Algen beherbergen und sich von Plankton ernähren, ist problematisch. Hier muß man sich, im Interesse beider Kategorien, eindeutig entscheiden. Die Funktionsbedingungen eines Riffaquariums für lichtbedürftige Arten lassen eine ausreichende Versorgung mit Planktonnahrung nicht zu. Versucht man diese dennoch zu erreichen, wird die Wasserbelastung derartig hoch, daß viele andere Arten, letztendlich auch die Planktonfresser selbst, darunter leiden. Ähnlich wie bei derartigen festsitzenden Wirbellosen, etwa farbigen *Dendronephthya*-Weichkorallen, verhält es sich auch bei beweglichen Tieren wie Haarsternen, Seefedern oder planktonfressenden Seegurken. Diese Tiere gehören in Spezialaquarien, denn sie haben in Riffaquarien kaum eine Überlebenschance.

8 cm hohe Aquarienkolonie einer *Dendronephtya*

Viele Fragen um das Riffaquarium

Wieviel Fische verträgt ein Riffaquarium?

Über die Besetzung von Aquarien sind schon die abenteuerlichsten Formeln aufgestellt worden. Schon in der Süßwasseraquaristik sind diese „... Zentimeter Fisch pro Liter Wasser..." Richtlinien ohne weitere Bezugspunkte blanker Unsinn. Einen Anstieg von Schadstoffen über die Menge des Wasserwechsels zu begrenzen, wie bei überbesetzten Süßwasseraquarien leider oft praktiziert, ist in der Meeresaquaristik nicht möglich. Ein solch kleines Biotop beherbergt oft eine breite Palette von wirbellosen Tieren. Die Praxis hat gezeigt, das zu hohe Nährstoffbelastungen in derartigen Aquarien oft zu Katastrophen führten, die in Form von Kettenreaktionen abliefen. Man darf auf keinen Fall durch eine übertriebene Fütterung an die Grenzen des durch Wasserwechsel und Abschäumer stabilisierten Gleichgewichtes des Aquariums gelangen. Geschieht das dennoch, kann z.B. der plötzliche Tod eines größeren Fisches, noch dazu, wenn er unbemerkt bleibt, Auslöser verhängnisvoller Reaktionsfolgen sein. Sterben hierdurch sensible Korallen, so wird das Aquarienwasser weiter zusätzlich belastet. Das Ende kann ein totaler Zusammenbruch des empfindlichen Systems sein. Man sollte also bei der Besetzung eines Riffaquariums mit Fischen erst am Ende der Einlaufphase beginnen und sich den Grundsatz: „Wenig ist oft mehr" zur Handlungsmaxime machen.

Derartige Fischschwärme verträgt kein Riffaquarium.

Viele Fragen um das Riffaquarium

Was muß bei der Vergesellschaftung von Fischen beachtet werden?

Die Bezeichnung Korallenfisch ist kein taxonomischer Begriff, sondern nur eine Sammelbeschreibung, ausgehend vom Lebensraum der Tiere. In der freien Natur sind viele Wirbellose in die Nahrungskette mit einbezogen. Fische mit einem derartigen Nahrungsspektrum, zu große Fische, vor allem Arten mit einem großen Stoffwechselumsatz, Fische mit stark innerartlichen und außerartlichen Aggressionen sollten nicht in einem Riffaquarium gepflegt werden. Die auszuwählende Fischgesellschaft muß in sich stimmig sein, darf sich nicht an den Wirbellosen vergreifen und ihre Futteransprüche müssen ohne Beeinträchtigung des Gesamtsystems erfüllbar bleiben. Auch eine nach optischen Kriterien zusammengesammelte Fischgesellschaft muß (in Anlehnung an die Hinweise über ein ähnliches Verhalten beim Korallenkauf) unterbleiben. Diese Maßstäbe schränken die ungeheure Vielzahl an Fischen schon erheblich ein. Bei neuen, erst in jüngster Zeit importierten Fischarten fehlt oft die genaue Beobachtung ihres Verhaltens, um sich ein Urteil über die Eignung für die Haltung in einem Riffaquarium bilden zu können. Pauschal alle Arten einer Fischfamilie für tauglich oder untauglich für die Vergesellschaftung zu erklären, ist nicht möglich. Häufig sind es einige wenige Arten einer Fischfamilie, die den Ansprüchen der Riffaquaristik genügen. Ob man sich in bestimmten Fällen wegen der innerartlichen Aggressivität für die Haltung von Einzeltieren entschließt, ist eine Gewissensentscheidung. Verantwortungsvolle Zoofachhändler und erfahrene Meeresaquarianer sind stets gute Berater, die jeder Anfänger vor dem Kauf seines Fischbesatzes um Rat fragen sollte.

Rotfeuerfische (*Pterois volitans*) leben räuberisch.

Viele Fragen um das Riffaquarium

Welche Fische fressen Algen?

Bei der Empfehlung von für die Aquaristik geeigneten Fischen können die Angaben nur recht allgemeinen Charakter tragen, aber auf die Funktionalität bestimmter Arten im Riff hinweisen. So sucht man immer nach solchen, die als Helfer beim Kurzhalten unerwünschten Algenwuchses eingesetzt werden können. Doktorfische (Acanthuridae) mit ihrer vorwiegend vegetarischen Ernährungsweise bieten sich dort geradezu an, wenn nicht ihre innerartliche Aggressivität vorhanden wäre. Diese Tiere leben vorzugsweise in großen Schwärmen und treten in der Fortpflanzungszeit teilweise paarweise auf. Solch ein Paar im Aquarium zu isolieren, ist leider nicht möglich. Aber auch unter Doktorfischen unterschiedlicher Artzugehörigkeit kann es im Aquarium zu erbitterten Kämpfen kommen. Das ist dann umso häufiger zu beobachten, je mehr zwei Arten in Färbung und anderen Körpermerkmalen einander ähneln. Am geeignetsten hat sich bislang der Gelbe Segelseebader, *Zebrasoma flavescens*, erwiesen, der zumindest in größeren Aquarien (ab 600 Liter) in einer Gruppe gepflegt werden kann. Bei dieser Art erwies es sich ferner als günstig, eine Gruppe etwa gleichgroßer Tiere gemeinsam zu erwerben, da später eingesetzte Tiere häufig energisch attackiert werden. Diese Art scheint auch recht unempfindlich gegenüber *Oodinium*-Befall zu sein, eine Erkrankung, die bei vielen anderen Doktorfischen häufig zu Komplikationen führt. Viele Meerwasseraquarianer sehen die Ursache in der Empfindlichkeit bei Doktorfischen gegenüber *Oodinium*-Infektionen bei der Verwendung von Kalkwasser. Sie sind der Meinung, daß viele Doktorfische mit ihren empfindlichen Schleimhäuten Probleme durch die Kalkwassergabe bekommen.

Nicht nur Doktorfische ernähren sich von Algen. Auch verschiedene Schleimfischarten fressen intensiv Fadenalgen. Aber bei den Schleimfischen gibt es Spezies, die sich neben den Algen durchaus auch an Korallen vergreifen.

Viele Schleim- und Doktorfische sind gute Algenvertilger.

Viele Fragen um das Riffaquarium

Welche Fische eignen sich für das Riffaquarium?

Es gibt eine Vielzahl farbenprächtiger Fische, deren Eignung für ein Riffaquarium durch lange Haltungserfahrung belegt ist. Hierauf sollte man zurückgreifen, es sei denn, man will bewußt Neuland betreten und nimmt die mögliche Konsequenz in Kauf, eine nicht in das Aquarium passende Art wieder mühsam herausfangen zu müssen. Zwergbarsche (Familie Pseudochromidae) eignen sich ausgezeichnet für das Korallenriffaquarium. Die einzigen Probleme, die man mit diesen überaus bewegungsintensiven Farbkobolden haben kann, bestehen darin, daß sich manche dieser Fische an Garnelen vergreifen können. Wenn es die Aquariengröße erlaubt, sollten diese Tiere unbedingt in kleinen Gruppen gepflegt werden, damit sie ihr gesamtes Verhaltensrepertoir zeigen können. In der Fütterung sind die meisten Zwergbarsche unproblematisch und akzeptieren nach der Eingewöhnung auch Flockenfutter. Hervorragend eignen sich Feenbarsche (Familie Grammatidae) für das Riffaquarium. Recht häufig trifft man in Händleraquarium auf zwei verschiedene Formen der Art *Gramma loreto*. Die eine Varietät stammt aus der Karibik, die zweite lebt an der brasilianischen Küste. Diese Fische sind für eine Gruppenhaltung hervorragend geeignet und zeigen dann auch erst ihr interessantes Verhaltenrepertoir. *Gramma loreto*, der Königsfeenbarsch, ist im Aquarium schon mehrfach nachgezogen worden. Abgelaicht wird in Gesteinsspalten, die vorher gesäubert und in denen aus Algenfäden ein Nest gebaut wird. Unter bestimmten Bedingungen kann es dabei wahrscheinlich sogar zur Polygamie kommen, denn es wurde beobachtet, daß ein Männchen gleichzeitig mit zwei Weibchen laichte. Aufzuchten von Jungfischen können unter den Bedingungen eines Riffaquariums nicht erwartet werden. Eine zweite farbenprächtige Art, *Gramma melacara*, wird relativ selten importiert. Wahrscheinlich liegt das auch daran, daß diese Tiere im Meer in größerer Tiefe als *Gramma loreto* leben.

Feenbuntbarsch (*Gramma loreto*)

Mandarinfische (*Synchiropus splendidus*) ernähren sich von kleinen Krebstieren.

Gibt es auch unterschiedliche Erfahrungen mit Fischen?

Eine prächtige Erscheinung ist der Pfauenaugen-Mirakelbarsch, *Calloplesiops altivelis*, wenn er scheu unter beschatteten Überhängen wie ein Geist durch das Aquarium gleitet. Zwei Tiere bilden normalerweise immer ein Paar. Die bei einer ganzen Reihe von Korallenfischen bekannte Geschlechtsumwandlung kann auch hier beobachtet werden. In vielen Publikationen wird davor gewarnt, daß sich dieTiere an kleinen Fischen und Garnelen vergehen. Bei den Autoren und vielen befreundeten Aquarianern konnte ein derartiges Verhalten jedoch nie beobachtet werden. Auszuschließen ist dieses jedoch nicht, da kleine Futtergarnelen durchaus erbeutet, größere eingewöhnte Garnelen und selbst kleine Fische jedoch in Ruhe gelassen werden. Pfauenaugen-Mirakelbarsche wurden schon mehrmals erfolgreich im Aquarium nachgezüchtet. Die Aufzucht ist allerdings nicht einfach, da die frisch geschlüpften Tiere sehr klein sind. Die an langen Fäden befestigten winzigen Eier werden bis zum Schlupf von einem Elterntier bewacht. Nach dem Schlupf sind die winzigen Fische auf sich selbst gestellt und benötigen feinstes Plankton zum Überleben. Aus der Gattung *Assessor* kommen in letzter Zeit einige kleine Arten von etwa 6 cm Länge in unsere Aquarien. Diese zu den Mirakelbarschen gehörenden Arten sind Maulbrüter. Ihre Nachzucht im Aquarium ist bisher noch nicht gelungen.

Mirakelbarsch (*Calloplesiops altivellis*)

Viele Fragen um das Riffaquarium

Warum muß man sich vor Verallgemeinerungen hüten?

Die große Zahl von importierten, meist farbenprächtigen Lippfischarten hat manchen Aquarianer schon dazu verleitet, es mit der einen oder der anderen Art im Riffaquarium zu versuchen. Weitgehend unproblematisch ist in dieser Beziehung der Sechsstreifenlippfisch, *Pseudocheilinus hexataenia*, ein ruhiger Vertreter unter den Lippfischen. Mit vielen anderen Lippfischarten kann man hingegen so manche böse Überraschung erleben. Sei es, daß sie sich an Muscheln, Garnelen oder sogar Fischen vergreifen, jedes Steinchen auf der Nahrungssuche umdrehen oder gar Krustenanemonen und Korallen anknabbern. Gerade bei den Putzer-Lippfischen, *Labroides*, muß man damit rechnen, daß bei nicht genügend vorhandener Fischkundschaft als Ersatz ständig Riesenmuscheln (*Tridacna*) geputzt werden. Diese nehmen die ständigen Störungen innerhalb kürzester Zeit übel, ziehen sich in ihre Schale zurück und verenden schließlich.

Bei Mangel an „Kundschaft" können Putzerfische Riesenmuscheln schädigen.

Viele Fragen um das Riffaquarium

Gibt es Probleme bei der Vergesellschaftung von Fischen?

Es gibt eine Vielzahl verschiedener Fischarten, die für sich betrachtet wunderbar in ein Riffaquarium passen würden. In Vergesellschaftung mit anderen Arten treten jedoch sofort Probleme auf. Manche Aquarianer sind begeistert vom Schaukelfisch, *Taeninolus triacanthus*, oder möchten in das Riffaquarium eine kleine Feuerfischart, z.B. den Pfauenaugen-Zwergfeuerfisch, *Dendrochirus biocellatus*, einsetzen. Beide Arten sind durchaus für ein Riffaquarium geeignet, aber bald wird man erleben, wie Fische und Garnelen in durchaus beachtlicher Größe verschwinden. Gleiches gilt für die Haltung von Krötenfischen, die selbst Beute in ihrer eigenen Größe bewältigen. Bei Fahnenbarschen (z.B. *Pseudoanthias*-Arten) liegt das Problem in der Futterkonkurrenz. Diese Tiere leben in Haremsgemeinschaften im Freiwasser und nehmen auch ihr Futter nur dort auf. Im Aquarium bevorzugen die Tiere ebenfalls lebendes Plankton. Sie sind jedoch an Flockenfutter zu gewöhnen, das ebenso im Freiwasser aufgenommen wird. Haben diese Tiere im Aquarium große Futterkonkurrenten, so ist eine ausreichende Ernährung ohne intensive Wasserbelastung kaum zu realisieren.

Bei der Haltung von Fahnenbarschen, Zwergfeuerfischen und Schaukelfischen kann es zu Vergesellschaftungsproblemen kommen.

Viele Fragen um das Riffaquarium

Können Fische im Riffaquarium nachgezogen werden?

Viele Korallenfischarten haben in gut funktionierenden Riffaquarien abgelaicht. Oft kommt es auch zum Freischwimmen der Jungfische. Dann ist allerdings das Thema genauso schnell beendet, wie es begonnen hat. Die Gründe hierfür sind vielfältig. Die Fischlarven von vielen Korallenfischen sind sehr klein. Sie sind beim Freischwimmen den anderen Korallenfischen schutzlos ausgeliefert, da diese die Jungtiere zum Fressen gern haben. Ein weiteres Problem stellt das Nahrungsangebot für diese Winzlinge dar. Für die Aufzucht der Jungfische wird tierisches und pflanzliches Mikroplankton benötigt. Dieses Plankton kann kaum im Riffaquarium kultiviert werden. Hierfür sind spezielle Aquarien erforderlich. Ein weiteres Problem stellt die Filterung im Riffaquarium dar. Die Wasseransaugvorrichtungen von Pumpen sind nicht feinporig genug, um ein Abfiltern oder Abschäumen der Jungfische und des Planktons zu verhindern. Eine erst seit wenigen Jahren importierte Kardinalbarschart, *Pterapogon kauderni*, wie scheinbar alle Arten der Familie ein Maulbrüter, hat in mit wenigen Fischen besetzten Aquarien diese Hürden meistern können. Jene Jungtiere sind nach dem Verlassen des väterlichen Maules so groß, daß *Artemia*-Nauplien bewältigt werden können. Später suchen die Tiere meist Schutz zwischen den Stacheln von Diademseeigeln.

Einer der wenigen regelmäßig im Riffaquarium nachgezogenen Arten ist *Pterapogon kauderni*.

Viele Fragen um das Riffaquarium

Was ist mit der Haltung von Schnecken?

Schnecken zur Algenbekämpfung im Aquarium zu pflegen, ist ein in der Süßwasseraquaristik mit mäßigem Erfolg eingesetztes Mittel. Auch in der Meerwasseraquaristik suchte und fand man marine Schnecken, die gute Algenvertilger sind. Bewährt haben sich hier *Nerita*- und *Astraea*-Schnecken, die allerdings erst in recht großer Zahl sichtbare Erfolge erzielen. Auch hier muß man sich an die richtige Besatzmenge herantasten, denn einerseits soll der Algenwuchs begrenzt werden, andererseits die Schnecken nicht verhungern. Sogar Kaurischnecken (*Cypraea*) werden häufig als Algenvertilger angeboten. Einige Arten ernähren sich von Algen, andere können sich jedoch auch an Korallen vergreifen. Nur wenige Spezialisten sind in der Lage, die Freßgewohnheiten dieser Schnecken zu unterscheiden. Erwirbt man solch eine Kaurischnecke, so sollte man sie auf jeden Fall im Auge behalten. Den Algenwuchs allein mit Schnecken bewältigen zu wollen, wird selten gelingen, vor allem, wenn die chemischen Parameter des Wassers verstärkten Algenwuchs verursachen.

Napf- (oben links), Kreisel- (oben rechts) und Kaurischnecken im Riffaquarium.

Viele Fragen um das Riffaquarium

Kann man farbige Nacktschnecken problemlos ins Aquarium setzen?

Viele der prächtigen Nacktschnecken aus Korallenriffen sind mit ihren plakativen Farben eine Augenweide. Doch gerade bei ihnen ist äußerste Vorsicht geboten. Viele dieser Arten sind Nahrungsspezialisten und verhungern im Aquarium. Andere vergreifen sich an speziellen festsitzenden Wirbellosen und können in kurzer Zeit arge Schäden hervorrufen. Es sind bei der Vielzahl der Arten noch nicht genügend Aquarienbeobachtungen zusammengetragen worden, um verträgliche und vielleicht nützliche Arten für die Riffaquaristik zu bestimmen. Häufig kommt es sogar vor, daß farbenprächtige Strudelwürmer im Zoohandel als Nacktschnecken angeboten werden. Auch bei den Strudelwürmern besteht hinsichtlich der Ernährung noch viel Unklarheit. Viele Haltungsversuche sind im Aquarium gescheitert, weil die Tiere nicht effektiv von den Ansaugöffnungen der Pumpen ferngehalten werden können.

Viele Fragen um das Riffaquarium

Gibt es giftige Tiere im Korallenriffaquarium?

Unter den importierten Schnecken findet man auch immer mal wieder Kegelschnecken aus der Gattung *Conus*. Bei diesen Schnecken gibt es eine ganze Reihe von Arten, die sich auf das Erbeuten anderer Schnecken, einige sogar auf das Verzehren von Fischen spezialisiert haben. Diese Schnecken besitzen einen harpunenähnlichen Giftapparat, der die Beute lähmt. Auch Menschen sind davon gefährdet, da diese Schnecken offensichtlich ihr Gift auch zur Verteidigung einsetzen. Selbst Todesfälle durch das Gift dieser Schnecken konnten nachgewiesen werden. In einem Spezialaquarium lassen sich diese Tiere mit entsprechender Vorsicht natürlich halten, wenn man ihre Ernährung sichert. Im Riffaquarium haben sie nichts zu suchen. Auch bei der Haltung von Fischen aus der Familie der Drachenkopffische (Scorpaeniden) sollte mit großer Vorsicht im Aquarium hantiert werden. Dazu zählen die Drachenkopf-oder Skorpionfische und die Rotfeuerfische. Diese Tiere besitzen Giftdrüsen. Das Gift kann über die Hartstrahlen der Rückenflossen injiziert werden. Von *Pterois*-Arten ist bekannt, daß dieses Gift chemische Ähnlichkeiten mit dem Kobragift besitzt. Sollte es trotz größter Vorsicht zu einem Unfall kommen, muß sofort ein Arzt aufgesucht werden.

Steinfisch (unten) und Rotfeuerfisch (oben) gehören zu den giftigen Bewohnern eines Meerwasseraquariums.

Viele Fragen um das Riffaquarium

Kann ich Seesterne einsetzen?

Bei einer Entscheidung für oder wider Seesterne muß von Fall zu Fall entschieden werden. Viele Seesternarten haben ein Nahrungsspektrum, das sich mit unseren Vorstellungen von einem gut funktionierenden Riffaquarium nicht verträgt. Man sollte sich deshalb auch hier nicht von plakativen Farben blenden lassen, sondern sich nach den Nahrungsbedürfnissen der jeweiligen Art erkundigen. Mit Schlangensternen hat es dagegen unseres Wissens noch keine Probleme gegeben. Oft werden diese Stachelhäuter sogar mit lebenden Steinen eingeschleppt und vermehren sich sogar im Verborgenen ohne besonderes Zutun des Pflegers. Als Detritusfresser erfüllen sie gute Dienste. Ein Zuviel an Schlangensternen wird es dabei nicht geben, denn diverse Fischarten stellen besonders den jungen Exemplaren nach, wenn diese am Tage ihr schützendes Versteck verlassen.

Viele Fragen um das Riffaquarium

Wie ist das mit Seeigeln und Mördermuscheln?

Langstachelige Diademseeigel sehen wunderbar aus und zieren ein gut eingerichtetes Riffaquarium. Als Algenvertilger tun sie – wie fast alle Seeigel – gute Dienste. Sie haben aber leider eine sehr unangenehme Eigenart: Bei ihrer Nahrungssuche hebeln sie mit enormer Kraft, die man ihnen überhaupt nicht zutraut, die Dekoration aus. Dabei werden Steine von beachtlicher Größe bewegt. Jeden Tag muß die Dekoration wieder geordnet werden. Das mag man arbeitsmäßig noch schaffen, auf den Steinen befestigte Wirbeltiere nehmen es jedoch mit Sicherheit übel. Noch toller treiben es die Porzellangriffelseeigel. Kurzstachelige Arten, z.B. aus der Gattung *Echinometra*, verhalten sich da dekorationsfreundlicher. Man sollte jedoch unbedingt darauf achten, daß sich diese Tiere nicht zu sehr an den Verzehr der erwünschten Kalkalgen machen.Riesenmuscheln der Gattung *Tridacna* haben ihren Beinamen Mördermuschel aus der Zeit, als man noch an Meeresungeheuer glaubte. Diese Muscheln sind interessante und farbenprächtige Objekte für das Riffaquarium. Da sie den größten Teil ihres Stoffwechsels über die Symbiose mit Zooxanthellen bestreiten, gibt es auch keine Ernährungsprobleme. Daran scheitert oft die Haltung von planktonfressenden Muschelarten. Tridacnen mit ihren vielfältigen Mantelzeichnungen können viele Jahre im Aquarium leben und erheblich wachsen. Beim Kauf dieser Tiere sollte darauf geachtet werden, daß die Tiere gut auf Schattenreize reagieren. Bei Berührung müssen sich die Tiere sofort total schließen. Geschieht das nicht, ist das Tier geschädigt. Meist handelt es sich um Transportschäden oder um eine Verletzung der Byssusdrüse, mit deren Hilfe sich die Muschel am Substrat befestigt. Bringen Sie die Mördermuschel nicht unmittelbar unter der Wasseroberfläche auf dem Riffdach unter. Zwar sind es Sonnenkinder, aber man sollte den Zuwachs bedenken. Dieser würde bald dazu zwingen, das Tier wieder umsetzen zu müssen. Außerdem reagieren diese Tiere bei Schatteneinfällen mit ruckartigen Schließbewegungen und spritzen dabei eine Fontäne Wasser nach oben. Manche erhitzte Schutzscheibe ist auf diese Art schon zersprungen und im Aquarium gelandet.

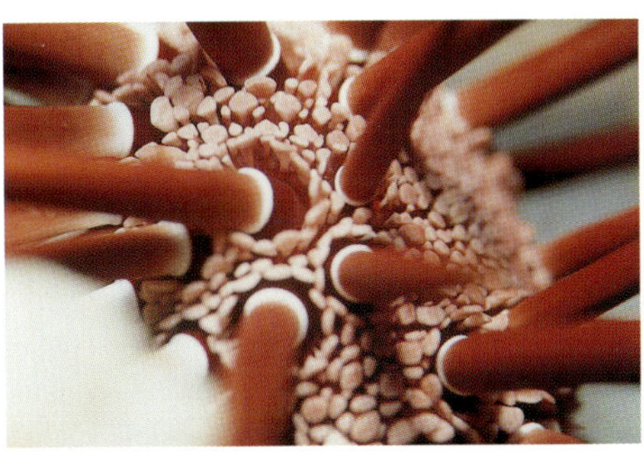

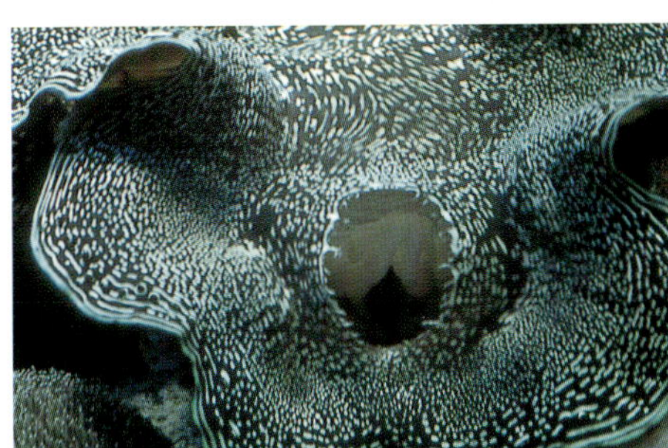

Viele Fragen um das Riffaquarium

Gibt es unerwünschte Algen im Riffaquarium?

Algenprobleme haben schon manchen Süßwasseraquarianer um den Schlaf gebracht. Auch in der Meeresaquaristik hat man mit diesen Plagegeistern zu tun und versucht, Blaualgen und Fadenalgen zu verbannen. In der Riffaquaristik übernehmen neben den Zooxanthellen der Wirbellosen viele höhere Algen den Part der Wasserpflanzen im Süßwasser. Wachsen diese gut und entziehen dem Wasser Nitrat und Phosphat, so gewinnen sie bald den Wettstreit und bestimmen das Milieu. Die unerwünschten Algenarten werden zurückgedrängt. Die höheren Algenarten können, wenn sie zu stark wachsen, problemlos reduziert werden. Starkes Wachstum dieser Algen deutet auf eine zu hohe Nährstoffkonzentration im Aquarienwasser hin. Sie sollten also nicht völlig aus dem Aquarium entfernt werden, da man sich sonst eines guten Filters beraubt. Zu den beliebten im Aquarium gepflegten Algenarten zählt man z.B. einige dekorative Braunalgen, diverse *Caulerpa*-Arten und grüne bzw. rote Kalkalgen. Viele dieser Algenarten gelangen schon mit den lebenden Steinen ins Aquarium. *Caulerpa racemosa*, eine kugelige *Caulerpa*, durchläuft im Aquarium einen Generationswechsel. Nach einiger Zeit ungeheuren Wachstums kann plötzlich der gesamte Bestand über Nacht zusammenbrechen. Die Pflanzen verfärben sich weißlich-gräulich und das Wasser wird total trüb. Der gesamte Bestand sollte sofort entfernt werden, da die in den Algen gespeicherten Nährstoffe das Aquarienwasser wieder belasten würden. Nach einigen Wochen zeigen sich an verschiedenen Stellen des Aquariums dann wieder die ersten kleinen Kugeln.

Wenn diese feinfiedrige Rotalge gute Bedingungen vorfindet, dann überwuchert sie rasch die gesamte Aquariendekoration.

Viele Fragen um das Riffaquarium

Wie ist das eigentlich mit roten Kalkalgen?

Rote Kalkalgen im Meerwasseraquarium zum Wachsen zu bringen, galt lange Zeit als schwierig. Wenn die Wasserqualität stimmt, eine geeignete Karbonathärte und genügend Kalzium regelmäßig vorhanden sind, werden sich auch diese Algen vermehren. Dabei ist es nicht nur der optische Eindruck, der diese Algen so wünschenswert macht. Durch das Überziehen der gesamten Dekoration tragen sie, wie in der Natur, zur Verfestigung des Riffaufbaues bei. Sie bestimmen durch ihre Konkurrenz auch das „Mikroklima" und halten so unerwünschte Algenarten in Schach. Durch ihre unterschiedlichen Wuchsformen unterstützen sie das Bestreben nach Vielfältigkeit im Aquarium.

Viele Fragen um das Riffaquarium

Kann ich Schwämme wachsen lassen?

Schwämme findet man auf fast jedem lebenden Stein. Es ist jedoch meist ratsam, beim Einsetzen solcher Steine größere Schwammgebilde zu entfernen und nur winzige Reste zu belassen. Meist sind diese Teile abgestorben. Die Fäulnisprodukte belasten nur unnötig das Wasser. Finden die kleinen, noch lebenden Reste, ihnen zuträgliche Bedingungen vor, so werden sie bald zu ursprünglicher Größe heranwachsen. Schwämme verbessern das Wassermilieu und wirken in ihren vielfältigen Farb-und Wuchsformen sehr dekorativ. Sie lieben etwas abgeschattete Bereiche, einige karibische Arten können aber auch in Bereiche mit direkter Lichteinstrahlung plaziert werden. Die Beleuchtung scheint aber nur sekundär entscheidend zu sein; es ist wichtig, daß die Schwämme nicht veralgen. Sie lieben gut bewegtes Wasser, das Sedimentablagerungen und Algenwuchs auf ihnen vermeiden hilft. Ein gutes Schwammwachstum im Riffaquarium gilt als Indikator für ausgewogene biologische Verhältnisse.

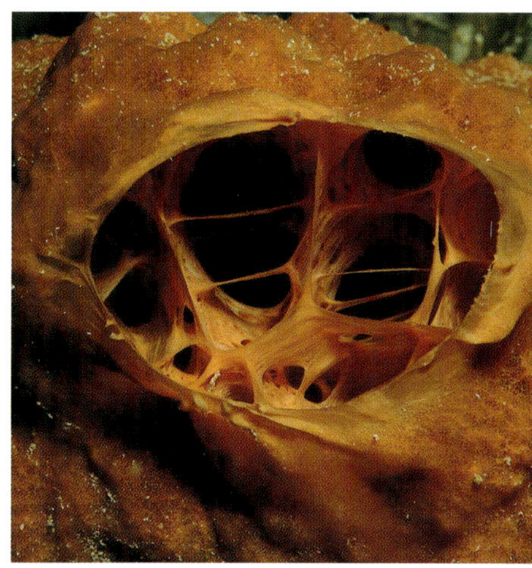

Krusten- Ohr- und andere Schwämme siedeln zwischen den Korallen.

Welche Krebstiere sind fürs Riffaquarium geeignet?

Mit lebenden Steinen werden eine Vielzahl verschiedener Krebstiere eingeschleppt. Viele davon sind friedlich, es gibt unter ihnen aber auch räuberische Arten, die im Aquarium viel Schaden anrichten können. Es ist nicht immer ganz einfach, die Tiere aus einem eingerichteten Becken zu entfernen, es sei denn, sie haben ihr Versteck in einem leicht aus dem Aquarium zu nehmenden Stein gewählt. Besonders Fangschreckenkrebse (Stomatopoden) sollten schnellstens entfernt werden. In einem kleinen Spezialaquarium sind derartige Tiere lohnenswerte und sehr interessante Beobachtungsobjekte. Auch bei kleinen Korallenkrabben sollte man anfänglich genau beobachten, ob es sich um friedliche, ja manchmal sogar mit den Korallen in Symbiose lebende Tiere oder um räuberische Arten handelt.

Am häufigsten werden Garnelenarten gepflegt. So sind Putzergarnelen der Gattungen *Stenopus* und *Lysmata* beliebte Krebstiere, die ihrem Putzverhalten auch im Aquarium nachgehen. Tanzgarnelen (*Rhynchocinetes*) werden ebenfalls häufig im Handel angeboten. Wichtig ist es natürlich, daß diese Garnelen nicht mit Fischarten konfrontiert werden, bei denen sie auf dem Speisenplan stehen. Nur allzu oft wird eine Fischart nachträglich ins Aquarium gesetzt, der man solches Verhalten nicht zutraut, als Beispiel sei nur der Feuer-Korallenwächter, *Neocirrhites armatus*, genannt.

Einsiedlerkrebse und Garnelen sind beliebte Aquarienbewohner.

Viele Fragen um das Riffaquarium

Sind Seegurken haltbar?

Verschiedene *Holothuria*-Seegurken sind hervorragend für das Riffaquarium geeignet. Man kennt diese Tiere in verschiedenen Farben. Häufig werden schwarze oder rote Tiere im Fachhandel angeboten. Es handelt sich bei diesen Stachelhäutern um Detritusfresser; sie brauchen zum Wohlbefinden Bereiche mit feinem Korallensand, den sie aufnehmen, um alles Freßbare, was sich darin befindet, zu verwerten.

Nicht geeignet für ein normales Riffaquarium ist z.B. die Seegurke *Cucumaria* sp. Diese farbenprächtigen Tiere mit ihren tentakelartigen Fortsätzen leben von Plankton. Es ist zwar oft recht erstaunlich, wie lange diese Tiere leben können, aber dennoch verhungern sie langsam. Man sieht, daß ihre Körpersubstanz dabei ständig abgebaut wird. Wie alle planktonfressenden Tiere handelt es sich auch bei ihnen um Beobachtungsobjekte für ein Spezialaquarium. Bei der Haltung von Seegurken muß unbedingt darauf geachtet werden, daß die Ansaugrohre von Pumpen gut gesichert sind. Seegurken geben bei mechanischer Zerstörung ein Gift ab, das die Atmung der Fische blockieren und zu deren Tod führen kann.

***Holothuria*-Arten und *Pseudocolochirus axiologus* im Riffaquarium**

Viele Fragen um das Riffaquarium

Was mache ich gegen Glasrosen?

Glasrosen (*Aiptasia* sp.) gehören zu den häufigsten Plagegeistern im Riffaquarium . Meist werden sie mit einem lebenden Stein oder mit einer sich auf einem Stein befindlichen Koralle eingeschleppt. Glasrosen vermehren sich besonders dann fast explosionsartig, wenn mit Plankton, besonders mit *Artemia*-Nauplien gefüttert wird. Ein natürlicher Freßfeind der Glasrosen ist z.B. eine Pinzettfischart, *Chelmon rostratus*. Die Tiere sollten nicht zu klein, aber auch nicht erwachsen sein. Ihre Eingewöhnung ist nicht immer einfach. Nur in einem recht großen Aquarium können mehrere Tiere gepflegt werden. Zwei Tiere gehen fast nie, eine Gruppe kann funktionieren. Unproblematisch ist die Sache nicht, denn die Tiere sind Individualisten und einige zupfen immer wieder an Tridacnen (Riesenmuscheln) oder an Korallenpolypen. Sie sind auch nicht immer an Ersatzfutter zu gewöhnen. Es ist interessant, daß aus einem Aquarium in ein anderes umgesetzte Tiere , die sämtliche *Aiptasia* weggefressen hatten, sich erst wieder ganz langsam ans Fressen dieser Nesseltiere gewöhnen mußten. Die Bekämpfung der Glasrosen mit 15%iger Kaliumhydroxidlösung, 5%iger Salzsäure- oder Natriumhydroxidlösung mittels einer Injektionsspritze direkt in die Glasrosen ist meist nur von vorübergehendem Erfolg. Die Bekämpfung bei einem starken Befall muß über einen längeren Zeitraum gestreckt werden, damit man mit diesen Chemikalien keine Schäden im Aquarium anrichtet.

Um Glasrosen zu bekämpfen, muß man genügend Kalziumhydroxidlösung injizieren.

Glasrosenbekämpfung durch Pinzettfische

Wie bekämpfe ich Planarien?

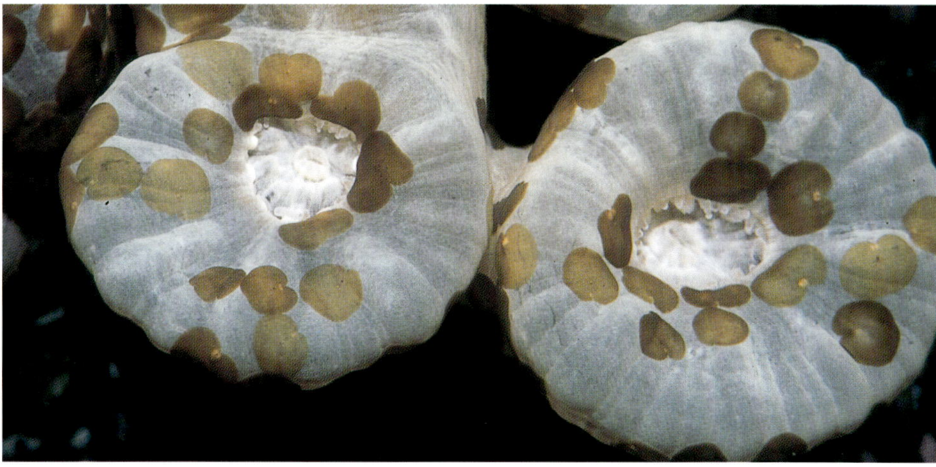

Braune Planarien befallen häufig Steinkorallen und Scheibenanemonen.

Die zu den Strudelwürmern zählenden Planarien werden wegen ihrer geringen Größe oft übersehen. Erst wenn sie in Massen auftreten, fallen sie ins Auge. Sehr oft verbreitet ist eine rotgefärbte Art. Es ist in der Meeresaquaristik noch immer umstritten, ob diese Strudelwürmer bestimmte Wirbellose schädigen. Ganz offensichtlich fressen sie aber von Korallen abgestoßene Schleimhüllen und sammeln sich deshalb häufig an neu in das Aquarium eingebrachten Korallen, weil diese in der Eingewöhnungphase stärker Sekrete abgeben.

Bei zu starkem Befall sollten die Planarien durch vorsichtiges Absaugen von bestimmten Korallen entfernt werden. Chemische Präparate lehnen wir ab, da ihre Wirkung auf Wirbellose nicht genügend erprobt ist. Wir kennen keinen Fall, wo diese Strudelwürmer zu einer Dauerplage wurden. War das Riffaquarium in einem guten Gleichgewicht und wurde maßvoll gefüttert, verschwanden die Planarien häufig nach einigen Wochen genauso schnell, wie sie aufgetaucht waren.

Der Lippfisch *Macropharyngodon choati* frißt Rote Planarien.

Viele Fragen um das Riffaquarium

Welche Gorgonien sind für ein Riffaquarium geeignet?

Unter den Hornkorallen (Gorgonien) gibt es eine Reihe im Riffaquarium gut zu haltender und auch zu vermehrender Arten. Vor allem aus der Karibik sind interessante Pfleglinge bekannt. Für eine Haltung im Riffaquarium ist es wichtig, daß es sich um Arten handelt, die sich vorwiegend mit Hilfe von Zooxanthellen ernähren. Besonders farbenprächtige Formen, die leider des Aussehens wegen auch immer wieder gekauft werden, leben im abgeschatteten Bereich und ernähren sich von Plankton. Sie sind äußerst schwierig zu pflegen und haben nur in Spezialbecken eine Chance zum Überleben. Hat man solche Möglichkeiten nicht, dann sollte man sie auch nicht erwerben, um einen Handel mit diesen Tieren nicht noch zu unterstützen. Die Familien Plexauridae und Gorgonidae beinhalten viele Arten, die vorwiegend mit Hilfe von Zooxanthellen leben. Sie lieben stark bewegtes Wasser und können einen beachtlichen Zuwachs erreichen.

Viele Fragen um das Riffaquarium

Was ist die Blaue Koralle?

Viele halten die Blaue Koralle für eine Steinkoralle. Es handelt sich jedoch um eine *Octocorallia*-Art, die im Inneren ein massives Skelett aus Kalziumkarbonat besitzt. Durch verschiedene eingelagerte Salze kann sie recht intensiv blau gefärbt sein. Diese interessante Koralle lebt mit Zooxanthellen und wächst unter Aquarienbedingungen sehr gut. In den Lichtansprüchen ist sie durchaus anpassungsfähig. In Bereichen mit größerer Lichtstärke wächst sie enorm. In weniger stark beleuchteten Bereichen verringert sich zwar dieser Zuwachs, die Koralle geht aber nicht ein. Abgebrochene Teile, die z.B. in einem Aquarium in einer Wassertiefe von 60 cm fixiert werden, wachsen ohne Probleme zunächst kriechend weiter, nach wenigen Wochen schon entwickeln sich aber säulenförmige Kolonien.

Fragen um das Fischaquarium

Warum ist: weniger oft mehr?

Gesellschaftsaquarium oder Artaquarium?

Welche Vergesellschaftungen sind sinnvoll?

Wo liegen Vergesellschaftungsgrenzen?

Gibt es Fische, die man nicht halten sollte?

Fragen um das Fischaquarium

Warum ist weniger oft mehr?

Genaue Untersuchungen und Beobachtungen in den Heimatbiotopen unserer Pfleglinge haben schon in der Süßwasseraquaristik für eine qualitative Verbesserung von Aquarien geführt. Auch die Meeresaquaristik hat durch diese intensive Verbindung von Theorie und Praxis in wenigen Jahrzehnten Erfolge in Haltung und Nachzucht erzielt, die kaum für möglich gehalten wurden. Es wäre vermessen zu behaupten, daß es dabei ohne Versuch und Irrtum zu machen wäre. Ein immer wieder von Einsteigern gemachter Fehler ist es, die optische Dichte von Fischen im Korallenriff auf eine Haltung im Aquarium übertragen zu wollen. Vergessen wird dabei das unvorstellbar große Wasservolumen und den damit verbundenen großen Verdünnungseffekt an Abfallprodukten. Nur eine Beschränkung auf eine angemessene Besetzung mit Fischen kann auf Dauer stabile Verhältnisse im Aquarium erhalten. Der ausgelöste Streß, hervorgerufen durch die dichte Besetzung und den dann folgenden wasserchemischen Belastungen, verhindert eine normale Entwicklung mit den arttypischen Verhaltenselementen.

Nashornfisch (*Naso literatus*) links, Vierbinden-Preußenfisch (*Dascyllus melanurus*)

Zitronengrundel (*Gobiodon citrinellum*) links und Papageifisch der Gattung *Scarus*

Fragen um das Fischaquarium

Gesellschaftsaquarium oder Artaquarium?

Fische nach Farbe und Formen zu sammeln und ohne ausreichende Beobachtung ihrer Lebensansprüche in einem Aquarium zusammenzusperren, ist Tierquälerei.
Wer ein Gesellschaftsaquarium nach derartigen Gesichtspunkten aufzubauen versucht, wird scheitern. Man kann Fische vergesellschaften, muß ihnen dabei aber Bedingungen schaffen, die eine angemessene Entfaltung ihrer Lebensgewohnheiten ermöglichen. Man muß sich also mit der Biologie der zu vergesellschaftenden Arten beschäftigen, um nicht von vornherein mit der Opferrolle einzelner Tiere oder Arten rechnen zu müssen. Auch im Korallenriff gibt es eine Reihe von Fischarten, die als Einzelgänger leben und nur zur Paarung zusammentreffen. Es ließe sich trefflich darüber debattieren, ob eine Haltung solcher Einzelexemplare erstrebenswert sei. Eine Vergrößerung der Individuenzahl einer bestimmten Art ist allerdings auch nur unter bestimmten Rahmenbedingungen sinnvoll. Man muß schon wissen, ob es sich um Schwarmfische oder um eine Art handelt, die paarweise ein Territorium besetzt und verteidigt.

Roter Anemonenfisch (*Amphiprion frenatus*)

Feuerkorallenwächter (*Neocirrhites armatus*)

Clownjunker (*Halichoeres maculipinna*)

Pomacanthus imperator

Fragen um das Fischaquarium

Welche Vergesellschaftungen sind sinnvoll?

Die Tiere müssen zueinander passen, d.h., ihr Lebensraum muß so beschaffen sein, daß jede Art ohne Dauerstreß ihre Nische findet. Daß nur Tiere vergesellschaftet werden können, die gleiche Anforderungen an Temperatur und Wasserchemismus stellen, sollte eine Selbstverständlichkeit sein. Gleichzeitig muß ihren Entfaltungsmöglichkeiten hinsichtlich des Raumbedarfs, der Gestaltung des zur Verfügung stehenden Platzes und des Futterbedarfes entsprochen werden.

Reine Fischaquarien in der Meerwasseraquaristik werden in den meisten Fällen eingerichtet, weil eine oder mehrere Arten sich an Wirbellosen vergreifen. Da diese Wirbellosen auf dem Speiseplan dieser Fische stehen, muß man der Fütterung ganz besondere Aufmerksamkeit widmen, um Fehlernährung zu verhindern. Will oder kann man das nicht, dann sollte man auf eine Haltung derartiger Tiere verzichten.

Palettenstachler
(***Oxymonacanthus longirostris***)

Dekor-Schwertgrundel
(***Nematelotris decara***)

Paracheilinus mecoskeri

Nasenmuräne (*Rhinomuraena quaesita*)

Wo liegen Vergesellschaftungsgrenzen?

Mandarinfisch (*Synchiropus mandarin*)

Stehen eine oder mehrere Arten im Aquarium unter Dauerstreß, dann sind die Grenzen für die Vergesellschaftung schon überschritten. Die Ursache kann eine Überbesetzung sein, mag aber auch an einer zu einseitigen Besetzung liegen. So kommt es mitunter schon in mäßig besetzten Aquarien zu Dauerstreß, wenn die eingesetzten Arten in etwa die gleichen Lebensräume beanspruchen. Selbst die Revieransprüche einzelner Fische oder Paare können zu Konflikten führen, die im engen Rahmen eines Aquariums nicht lösbar sind. Als Beleg mag der Versuch eines Aquarianers dienen, der einige *Synchiropus*-Arten (Leierfische, Callionymidae) ohne weiteren Fischbesatz vergesellschaftete. Der Versuch endete in einem Desaster: Futter- und Revieransprüche führten zu Dauerkonflikten. Daß man Tiere nicht vergesellschaftet, die in der Natur in einem Jäger-Beute-Verhältnis stehen, müßte eine Selbstverständlichkeit sein. Das ist vermeidbar, wenn man sich in der Literatur nach den Ansprüchen erkundigt. Oft wird allerdings gegen das Bedürfnis von Arten verstoßen, die eine etwas ruhige und abgeschiedenen Lebensweise führen. In einem Gesellschaftsaquarium mit zu lebhafter Besetzung fühlen sich solche Arten nicht wohl.

Zwergleierfisch (*Synchiropus stellatus*)

Fragen um das Fischaquarium

Gibt es Fische, die man nicht halten sollte?

Fischarten, deren Ernährung oder Platzansprüche nicht auf Dauer gesichert sind, sollten nicht angeschafft werden. Nicht selten sind Aquarianer von einer bestimmten Fischart fasziniert und erwerben diese Tiere, ohne gründlich über die Verantwortung nachzudenken, die sie mit dem Kauf übernehmen. Sicherlich sind kleine Grundhaie, Rochen oder Papageienfische sehr interessante Pfleglinge. Der Aufwand für eine dauerhafte gute Versorgung und Unterbringung wird dabei jedoch allzuoft übersehen. Wer eine solche Art einmal pflegen möchte, sollte vorher gründlich recherchieren und die theoretischen und praktischen Grundlagen einer erfolgreichen Haltung genau prüfen. Dazu gehören auch einige Jahre praktischer Erfahrung in der Meeresaquaristik und oft nicht alltägliche räumliche Voraussetzungen.

Blaupunktrochen (*Taeniuraura lymna*; unten) und Großmuränen (*Gymnothorax*) sind gewöhnlich zu groß für ein Wohnzimmer-Meerwasseraquarium.

Beispiele für Spezialaquarien

Wie realisiere ich die Haltung von Anemonenfischen?

Was muß ich bei der Pflege von Seepferdchen beachten?

Können Seenadeln im Aquarium gepflegt werden?

Sind Krötenfische langweilig?

Kann man planktonfressende Korallen pflegen?

Können Fische in Spezialaquarien gezüchtet werden?

Wie ernähre ich junge Korallenfische?

Beispiele für Spezialaquarien

Wie realisiere ich die Haltung von Anemonenfischen?

Einsteiger in die Meerwasseraquaristik sind insbesondere fasziniert vom Verhalten und der Lebensweise der Anemonenfische. Diese Fische der Unterfamilie Amphiprioninae sind bei vielen Menschen zum Synonym für Korallenfische geworden. Eine Pflege im Riffaquarium ist wegen der Gefahr der Vernesselung von Wirbellosen durch die Anemone nicht sinnvoll. In der Natur findet man Anemonenfische häufig einige Meter vor dem Beginn des eigentlichen Saumriffes an vereinzelten Korallenblöcken um ihre Wirtsanemone. Ein solcher einzelner Korallenblock im Sandboden, an dem sich die Anemone verankern kann und der gleichzeitig als Laichsubstrat für die Anemonenfische dient, sollte auch der zentrale Dekorationspunkt in einem solchen Aquarium sein. Nicht alle Anemonenarten werden von den Anemonenfischen akzeptiert, so daß man sich vor dem Kauf über die Lebensgemeinschaft von Fisch und Anemone informieren sollte. Über die richtige Auswahl eines Anemonenfischpaares müssen Sie sich dagegen weniger Gedanken machen. Anemonenfische sind sogenannte Hermaphroditen, d.h., sie haben die Anlagen für beide Geschlechter. Am besten erwirbt man eine kleine Gruppe von Jungfischen. Aus der anfänglichen Dominanz der männlichen Anlagen wird sich bald ein Tier zum Weibchen entwickeln. Kauft man zwei erwachsene Tiere unterschiedlicher Größe, kann es anfänglich zu Aggressionen kommen.

Amphiprion nigripes

Amphiprion percula

Brutpflegendes Paar des Westlichen Clownfisches (*Amphiprion ocellaris*)

Beispiele für Spezialaquarien

Was muß ich bei der Pflege von Seepferdchen beachten?

Seepferdchen gehören in ein Spezialaquarium mit einer mäßigen Wasserbewegung. Ein solches Aquarium kann mit verschiedenen *Caulerpa*-Arten dekoriert werden. Die meisten Arten der Unterfamilie Hippocampinae leben in Tang- und Seegrasfeldern. Mit ihrem zum Klammerorgan ausgebildeten Schwanz halten sie sich an den Pflanzen fest, vertrauen dabei ganz auf ihre Tarnung. Nicht einfach ist die Ernährung. Die Tiere sind sehr schwer an Ersatzfutter zu gewöhnen. Am besten werden sie mit lebenden Jungguppies, *Mysis, Artemia*, Wasserflöhen oder weißen Mückenlarven gefüttert. Nicht immer nehmen die Tiere gefrostetes Futter an. Bei der Fütterung muß man sich Zeit lassen, da die Tiere sehr behäbig dem Futter nachstellen, ein Grund für die Pflege im Spezialaquarium. Herabsinkendes Futter wird nicht mehr angenommen und sollte, um das Aquariumwasser nicht unnötig zu belasten, rasch entfernt werden. Ist das Futterproblem dauerhaft gelöst, so kann man auch mit Nachzucht rechnen. Die Temperaturansprüche von Seepferdchen können je nach Verbreitungsgebiet recht unterschiedlich sein. Man sollte sich daher über die Herkunft der Pfleglinge informieren, denn neben tropischen Arten gibt es auch Tiere aus dem Mittelmeer oder aus dem Atlantik.

Hippopocampus erectus **– Männchen mit gefüllter Bruttasche**

Gehörntes Seepferdchen (*Hippopocampus histrix*)

Können Seenadeln im Aquarium gepflegt werden?

Zebra-Seenadel (*Doryrhaphus dactyliophorus*)

Seenadeln (Syngnathinae) sind überwiegend ruhige Gesellen. Ihr Verhalten läßt sich sehr mit dem der Seepferdchen vergleichen. Es sind Fische, die auf ein Spezialaquarium angewiesen sind, denn bei einer Futterkonkurrenz kommen sie regelmäßig zu kurz. Da auch an unseren Küsten Seenadeln vorkommen, bieten sich diese Tiere für die Pflege in einem Kaltwasseraquarium durchaus an. Wie die Seepferdchen bevorzugen die Seenadeln lebende planktonische Nahrung. Besondere Aufmerksamkeit muß daher der Fütterung gewidmet werden, denn nicht alle Arten sind an Frostfutter zu gewöhnen. Sehr kleine Arten, etwa die Blaustreifenseenadel (*Doryhamphus excisus excisus*), können in algenreichen Aquarien von einer *Artemia*-Kultur ernährt werden. Seenadeln sind interessante Fische. Die Nachzucht ist bei einigen Arten gelungen. Wie bei den Seepferdchen trägt das Männchen die Eier in einer Bruttasche bis zum Schlupf aus.

Blaustreifen-Seenadel (*Doryrhamphus excisus*)

Beispiele für Spezialaquarien

Sind Krötenfische langweilig?

Über Geschmack läßt sich bekanntlich nicht streiten. So sind bestimmte Aquarianer von farbenprächtigen beweglichen Fischen fasziniert, andere begeistern sich am absonderlichen Aussehen oder Verhalten einzelner Arten. Zu den letztgenannten gehören zweifellos die Krötenfische (Antennariidae). Mit ihrer plumpen Körpergestalt und ihren eigenartigen Flossen, die zum Gehen, aber nicht zum Schwimmen taugen, fallen sie gründlich aus dem Vorstellungsrahmen, den man von einem Fisch hat.

Über die Systematik der Krötenfische gibt es noch viele Unklarheiten. Importiert werden meist kleine Arten. Eine Pflege im Aquarium ist auf alle Fälle interessant. Immerhin vergreifen sich diese Tiere an Fischen bis zu ihrer Körpergröße. Die meisten Krötenfische haben den ersten Rückenflossenstrahl zu einer Art „Angelrute" umgebildet, mit deren Hilfe Beutetiere angelockt werden. Hat man keine lebenden Futterfische, ist es oft gelungen, mit Hilfe einer abgewinkelten Pinzette (verhindert Verletzungen), wie sie bei der Fütterung von Terrarientieren verwendet wird, mit toten Fischen oder Fischstückchen erfolgreich zu sein.

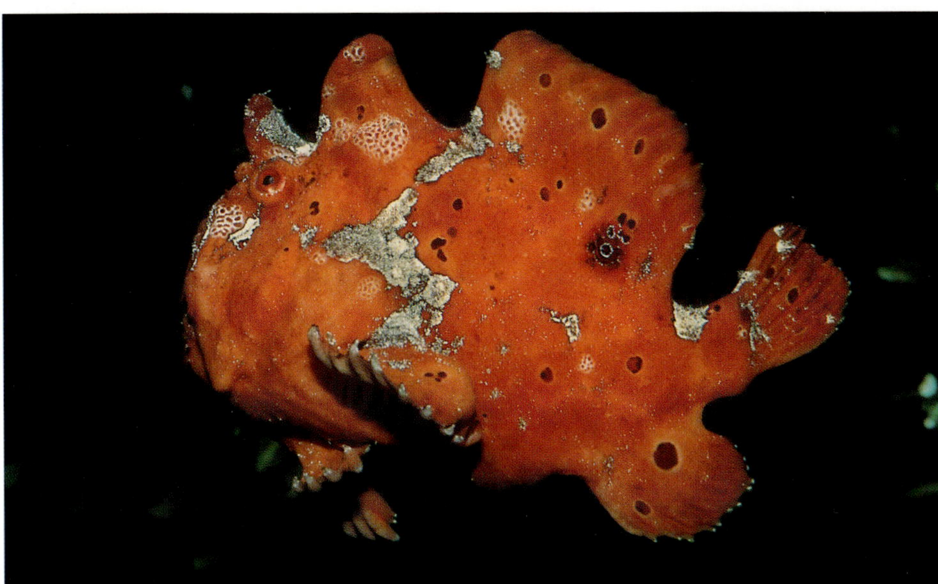

Anglerfische der Gattung *Antennaris*

Kann man planktonfressende Korallen pflegen?

Die Haltung von Korallen, die sich hauptsächlich von ihren Zooxanthellen ernähren, stellt heute in der Meeresaquaristik kein großes Problem mehr dar. Selbst wenn zusätzlich Nahrung von Korallen angenommen wird, eine ganze Reihe solitärer Steinkorallen, z.B. *Trachyphyllia* und *Euphyllia*, tun das, kommen sie ohne diese Zusatznahrung aus. Inwieweit im Wasser gelöste Stoffe in das Gewebe verschiedener Korallen diffundieren, ist noch wenig erforscht. Korallen, die nur vom Plankton leben, können im Riffaquarium auf Dauer nicht ausreichend ernährt werden. Selbst in Spezialaquarien ist es nicht einfach, die Tiere über längere Zeit zu pflegen und zum Wachsen zu bringen. Das liegt einerseits an der fehlenden Mannigfaltigkeit des zur Verfügung stehenden Planktons, aber auch daran, die Wasserbelastung bei der notwendigen Fütterung so gering wie nötig zu halten. Die besten Erfolge können erzielt werden, wenn diese Korallen in einem relativ kleinen Wasservolumen gehalten werden, um darin eine hohe Planktondichte erzeugen zu können. Dieser Haltungsraum muß aber im Kreislauf zu einem größeren Wasservorrat gefahren werden, um eine ausreichende Wasserstabilität zu erzeugen. Um zu verhindern, daß Sogwirkungen das Plankton aus dem Hälterungsteil abtransportieren, müssen großflächige eingefahrene Schaumstoffplattenfilter die Wasserteile voneinander trennen. Es ist also noch einiges an Problemen zu lösen, bis farbenprächtige *Dendronephthya*-Weichkorallen mit guten Erfolgen gepflegt werden können.

Weichkoralle (*Dendronephtia*)

Beispiele für Spezialaquarien

Können Fische in Spezialaquarien gezüchtet werden?

Die Haltung bestimmter Korallenfische in einem Spezialaquarium ist fast immer eine Grundvoraussetzung, um die Tiere züchten zu können. In den wenigen anderen Fällen ist man darauf angewiesen, Gelege von substratlaichenden Fischen aus einem Riffaquarium in ein Aufzuchtaquarium zu überführen. Obwohl eine Reihe von Korallenfischen schon nachgezogen wurde, Anemonenfische (Amphiprioninae) oder Zwergbarsche (Psendochromidae) in einigen Arten schon regelmäßig gezüchtet werden, steckt die Korallenfischzucht noch in den Kinderschuhen. Das Hauptproblem bei einer Vielzahl von Arten sind die winzigen Fischlarven und das dafür notwendige Mikroplankton. Auch die Süßwasseraquaristik stößt da, gewissermaßen von der anderen Seite kommend, an ihre Grenzen. Werden dort z.B. Grundeln zum Ablaichen gebracht, deren Larven z.B. nach dem Schlupf ins Meer driften, sie also eine pelagische Lebensphase durchleben, ist man oft mit seinem Latein am Ende. Einige Arten lassen sich zwar mit dem marinen Rädertierchen Brachionus plicatilis anfüttern, bei vielen anderen Arten schlug das leider fehl. Auch die Preisbildung des Zoofachhandels stellt leider keinen Anreiz dar, die Zuchtversuche zu intensivieren. Obwohl keine der Korallenfischarten durch den Fang für die Meerwasseraquaristik gefährdet ist, wäre eine gesteigerte Nachzucht ein positives Element entgegen immer wieder geäußerten Vorbehalten.

Einwöchige Seepferdchen-Jungtiere

Roter Anemonenfisch (*Amphiprion frenatus*)

Wie ernähre ich junge Korallenfische?

Bei der Ernährung junger Korallenfische muß auf ähnliche Art verfahren werden, wie das bei plankonfressenden Weichkorallen beschrieben wurde. Die Futterdichte muß so beschaffen sein, daß die Jungtiere stets gut im Futter stehen. Durch ihre geringe Eigenmasse sind viele dieser Jungtiere ohne Nahrung in wenigen Stunden verendet. In letzter Zeit sind einige kommerzielle Versuche mit verschiedenem Mikroplankton von Erfolg gekrönt, die bei weitem nicht so aufwendig wie die Zucht des Rädertierchens *Brachionus plicatilis* ist. Zwar muß auch hier die Stammkultur von Zeit zu Zeit erneuert werden, doch die Fütterung des Planktons selbst ist wesentlich vereinfacht. Auf jeden Fall ist das Bemühen um vereinfachte und praktikable Aufzuchtstrategien bei Korallenfischen ein interessantes und lohnenswertes Gebiet der Meerwasseraquaristik.

Ein 0,3 mm großer Hüpferling der Gattung *Tisbe*

Beispiele und Fragen über das Kaltwasseraquarium

Woher bekomme ich Tiere für das Kaltwasseraquarium?

Sind Kaltwassertiere farblos?

Gesellschaftsprobleme auch im Kaltwasser?

Welche Wirbellose aus dem Kaltwasser können gehalten werden?

Beispiele und Fragen über das Kaltwasseraquarium

Woher bekomme ich Tiere für das Kaltwasseraquarium?

Der Zoohandel bietet eine große Auswahl an tropischen Wirbellosen und Fischen an. Nach Kaltwassertieren aus Ostsee, Nordsee oder dem Mittelmeer sucht man meist vergeblich. Das ist auch nicht verwunderlich, ist doch die Nachfrage nach diesen Tieren sehr gering. Man ist daher darauf angewiesen, sich Fische oder Wirbellose selbst zu fangen. Vielfach wurde früher auf diesem Wege mit der Aquaristik begonnen. Häufig wurde so aus einem Urlaub am Mittelmeer der erste Besatz für ein Meerwasseraquarium gesammelt. Entscheidet man sich für ein kleines Kaltwasserbiotop, so stellt das niedrige Temperaturniveau eines solchen Aquariums das größte Problem dar. Für Nord-und Ostseeaquarien liegt die kritische Grenze schon bei etwa 20°C, die im Sommer sehr schnell erreicht werden kann. Abhilfe kann hier auf Dauer nur ein kühler Keller oder ein Kühlaggregat schaffen. Die Tiere sind über weite Strecken recht genügsame Pfleglinge, eine jahreszeitliche Absenkung der Wassertemperatur sollte im Interesse der Tiere jedoch eingehalten werden (Standort des Aquariums in einem unbeheizten Raum).

Blauer Scheibenstern (*Patiria pectinifera*)

Seescheide

Schwarzgrundel (*Gobius niger*)

Rote Aktinie

Beispiele und Fragen über das Kaltwasseraquarium

Sind Kaltwassertiere farblos?

Wer sich mit der Haltung von Tieren ernsthaft beschäftigt, wird das farbliche Aussehen der Tiere selten in den Vordergrund stellen. Trotzdem ist das optische Empfinden ein zusätzliches, oft sogar entscheidendes Argument für eine Beschäftigung mit der einen oder anderen Art. Bei der Gestaltung von Riffaquarien spielen farbliche Kriterien daher auch eine wesentliche Rolle, um die Schönheit eines Korallenriffes zu demonstrieren. Kaltwassertiere aus nördlichen Meeren gelten dabei oft als Stiefkinder, da man ihnen die Farbenpracht von tropischen Tieren nicht zutraut. Meist ist es Unkenntnis, die zu diesem Irrglauben geführt hat. Eine ganze Reihe an Fischen und Wirbellosen aus dem Mittelmeer, der Ostsee oder dem nördlichen Atlantik sind ein gutes Beispiel dafür, daß Farbenpracht durchaus auch in kalten Gewässern zu finden ist.

Farbenprächtige Seenelken (oben) und filigran gezeichnete Kaltwasser-Nacktschnecken (links) sind gut haltbar.

Strandkrabben sind ebenfalls gut zu halten.

Beispiele und Fragen über das Kaltwasseraquarium

Gesellschaftsprobleme auch im Kaltwasser?

Zweifellos ist die ungeheuer reichhaltige Palette von tropischen wirbellosen Tieren und Fischen für viele Aquarianer ein Argument, sich für ein Riffaquarium zu entscheiden. Die Artenvielfalt in europäischen Meeren läßt sich mit denen von Korallenriffen natürlich nicht vergleichen. Die Grundregeln der Vergesellschaftung der verschiedenartigen Tiere sind hier jedoch genauso zu überprüfen. Das Jäger-Beute-Verhältnis ist hier ebenso zu beachten, wie die unterschiedlichen Ansprüche an Wasserbewegung oder Sonneneinstrahlung. In der Konsequenz findet man in der Kaltwasseraquaristik verstärkt Spezialaquarien, die häufig den Ansprüchen der Tiere besser gerecht werden als so manches Riffaquarium. Eine Vielzahl von Grundeln und Bleniiden bieten sich für die Haltung im Aquarium an. Aus der Ostsee sind Seenadeln, Seeskorpione, Schwarzgrundeln oder aber Seestichling für ein Aquarium geeignet. Es lohnt sich auf jeden Fall, auch einmal einen Versuch mit einem Kaltwasseraquarium zu wagen.

Die Felsenmeersau (*Helicolerus dactylopterus*) ist nicht sehr gesellschaftsfähig.

Der Schwarzkopf-Schleimfisch (*Lipobrys nigripes*) hingegen läßt sich relativ gut vergesellschaften.

Mittelmeer-Putzerlippfisch (*Symphodes melanocerus*), ein friedlicher Geselle

Ein Schriftbarsch aus dem Mittelmeer – ein beliebter Aquarienfisch

Beispiele und Fragen über das Kaltwasseraquarium

Welche Wirbellose aus dem Kaltwasser können gehalten werden?

Im nördlichen Mittelmeer findet man sehr häufig unter Steinen oder an schattigen Überhängen die Pferdeaktinie oder Purpurrose (*Actinia equina*). Diese in diversen Farben anzutreffende Aktinie ist anspruchslos und mit sehr geringem Aufwand in kleinsten Aquarien zu pflegen und zu vermehren. Seenelken (*Neridium senile*) und Seedahlien (*Urticina felina*) aus der Ostsee, die in Tiefen ab 10 m anzutreffen sind, gehören zu den anspruchsvolleren Pfleglingen. Ihren Temperaturansprüchen muß auf jeden Fall genüge getan werden, wenn sie sich auf Dauer im Aquarium wohlfühlen sollen. Kleine Krabben oder Garnelen sind nicht alltägliche, aber lohnenswerte Beobachtungsobjekte. Gleiches gilt für See- und Schlangensterne, Seeigel oder Schnecken.

Verschiedene Farbformen von *Urticina felina* im Artaquarium

Parasiten und Krankheiten

Was sind eigentlich Parasiten?

Was sind typische Korallenfischkrankheiten?

Wie bekämpft man die Krankheiten?

Kann man gegenüber Krankheiten vorbeugen?

Parasiten und Krankheiten

Welche Wirbellosen aus dem Kaltwasser können gehalten werden?

Fast alle Tiere sind von Schmarotzern (lat. Parasitus) befallen. Diese Parasiten ziehen aus dem Leben im oder mit dem Wirt einen einseitigen Nutzen. Der Wirt erleidet Schäden, die ihn mehr oder weniger belasten können. Der Tod des Wirtes wäre ja auch nicht förderlich für den Parasiten, da er so seine Lebens-oder Nahrungsgrundlage verlieren würde. Erwerben wir Tiere für unser Aquarium, so müssen wir immer damit rechnen, daß auch Parasiten mit eingeschleppt werden können. Sind die Wirtstiere, Fische und Wirbellose, durch den Transport oder die Umstellung an den neuen Lebensraum geschwächt, dann kann ein sonst oftmals harmloser Parasitenbefall schwerwiegende Folgen haben. Schon vor dem Erwerb sollten die Tiere deshalb „unter die Lupe" genommen werden. Auf diese Weise sind natürlich nur Ektoparasiten (Außenparasiten) zu erkennen. Endoparasiten (Innenparasiten) lassen sich bei Fischen nur schwer feststellen, zumal Abmagerungen vom langen Transport oder durch die vorherige Zwischenhälterung leider oft typisch, jedoch keineswegs wünschenswert sind. Auch auf Korallen sind spezialisierte, gut getarnte Parasiten, etwa Nacktschnecken, Strudelwürmer oder Krabben, schon vor dem Einsetzen ins Aquarium ausmerzen.

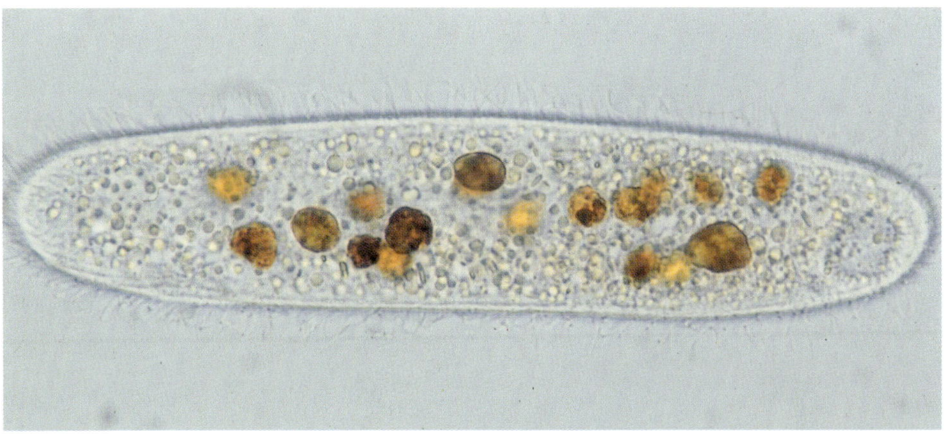

Das Wimpertier *Helicostoma nonatum* parasitiert auf *Arcopora*-Korallen.

Parasiten und Krankheiten im Meerwasseraquarium

Was sind eigentlich Parasiten?

Die wohl am häufigsten anzutreffende Krankheit bei Korallenfischen wird von Dinoflagellaten (Geißelalgen) ausgelöst, die als Ektoparasiten in der Haut der Fische schmarotzen. Es handelt sich dabei um *Oodinium ocellatum*. Auf der Außenhaut erscheinen kleine weißlich-gräuliche Körnchen, die bei ungünstigem Lichteinfall oder heller Hautfärbung oft erst dann bemerkt werden, wenn die Fische schwer atmend unter der Wasseroberfläche hängen. Die Atembeschwerden rühren daher, daß meist schon vor dem Außenhautbefall die Kiemenblättchen befallen werden. Betrachtet man die Haut des Fisches in Längsrichtung gegen das Licht, so erscheint die Haut stumpf und trüb. Die Körnchenstruktur ist manchmal nur andeutungsweise zu erkennen. Eine weitere recht häufige Krankheit wird nach dem Erreger, dem Wimpertier *Cryptocarion irritans* benannt, mitunter kennt man sie auch als „Seewasser-Ichthyo". Sie ist vom Erscheinungsbild mit der Weißpünktchenkrankheit (*Ichthyophthirius*) bei Süßwasserfischen zu vergleichen. Auch hier sterben die Fische innerhalb einer Woche nach Auftreten der Punkte, wenn nicht behandelt wird. Bei einigen Fischarten tritt manchmal die durch Viren hervorgerufene Lymphocystis-Erkrankung (Knötchenkrankheit) auf. Es handelt sich um eine schleichend verlaufende Krankheit, die durch Viren hervorgerufen wird. Sie stimulieren Zellen zu Riesenwachstum. Knötchenförmige Wucherungen, meist zuerst an den Flossenrändern, weisen auf eine Infektion hin.

Stark ramponierter Königsgramma, dessen Wunden leicht verpilzen können

***Cryptocarion irritans* oder Meerwasser-Ichthyo bei einem Rotfeuerfisch**

Parasiten und Krankheiten im Meerwasseraquarium

Was sind typische Korallenfischkrankheiten?

Oodinium und *Cryptocarion* lassen sich auf die gleiche Weise bekämpfen. Die Schwärmer dieser Parasiten müssen abgetötet werden, bevor sie erneut den Fisch befallen können. Im Handel werden viele Mittel zur Bekämpfung beider Krankheiten angeboten. Man kann sich auch in der Apotheke Kupfersulfat in entsprechender Menge (0,15 g auf 100 Liter Aquarienwasser) abwiegen lassen. Die Behandlung darf auf keinen Fall in einem Aquarium mit Wirbellosen erfolgen. Bis jetzt ist nach unserem Wissen kein Heilmittel auf dem Markt, das kein Kupfer enthält. Kupfer ist für Wirbellose in den für die Krankheitsbekämpfung notwendigen Konzentrationen tödlich. Für die Behandlung von *Lymphocystis* gibt es kein Heilmittel. Ein rechtzeitiges Abschneiden befallener Flossenstellen oder vorsichtiges Abschaben vergrößerter Zellpartien auf der Haut trägt unter Umständen dazu bei, den Krankheitsverlauf zu stoppen oder wenigstens hinauszuzögern. Die behandelten Stellen sind mit Methylenblau- oder Acriflavinlösung zu desinfizieren. Auch dafür sind die Fische im Quarantänebecken unterzubringen. Inwieweit Übertragungsgefahr durch die Viren besteht, ist offensichtlich noch nicht geklärt. Scheinbar handelt es sich aber um latente Schwächeparasiten. Diese Krankheit tritt also vornehmlich bei geschwächten Fischen auf die Übertragungsgefahr ist dann eingedämmt, wenn die Haltungsbedingungen optimiert werden.

Ein typischer *Oodinium*-Befall.

Korallenfischkrankheit oder Meerwasser-*Oodinium*

Wie bekämpft man die Krankheiten?

Eine maßvoller Fischbesatz mindert den Streß und damit die Wahrscheinlichkeit, daß ausschwärmende Parasiten ihre Wirte treffen bzw. erheblich schädigen. Viele Erkrankungen sind typische Schwächeparasiten, die erst dann zu seuchenartigen Verläufen führen, wenn bereits körperlich angegriffeneTiere ins Aquarium kommen. Oft steckt sich dann auch der eingewöhnte, gesunde Bestand an. Eine vorbeugende, mindestens zwhntägige Quarantäne in einem eigens dafür bereitgestelltem Aquarium zahlt sich deswegen immer aus. Zumindest ein Teil des Wassers sollte aus dem späteren Aquarium stammen, um die neu erworbenen Tiere nicht nur auf mitgebrachte Parasiten zu testen, sondern sie auch auf latent im Aquarium vorhandene Erreger vorzubereiten. Diese Erreger machen gesunden und widerstandsfähigen Fischen nichts aus, greifen mitunter jedoch Neuankömmlinge, die meist vom Transport geschwächt sind, an. In dem einfach und übersichtlich eingerichtetem Quarantäneaquarium (als Versteckplätze kann man hier der besseren Übersicht wegen sogar Lochziegel oder Blumentöpfe verwenden) können die Neuankömmlinge beobachtet, angefüttert und gegebenenfalls behandelt werden.

Neu erworbene Fische sollten separat quarantänisiert werden.

Meeresaquaristik und Artenschutz

Kann man gegenüber Krankheiten vorbeugen?

Darf man Meerwassertiere selber fangen?

Wie transportiert man Meerestiere?

Sollte man bestimmte Tiere nicht erwerben?

Welche Gefahren bestehen für die Korallenriffe?

Meeresaquaristik und Artenschutz

Darf man Meerestiere selber fangen?

Wer Meerwassertiere selber fangen möchte, muß sich genauestens über die geltenden Gesetze des jeweiligen Landes informieren. Das gilt natürlich ebenso für die Aus- und Einfuhrbestimmungen beim Transport. In vielen Ländern sind die Entnahme und der Handel von Steinkorallen, Muscheln und Schnecken verboten oder streng reglementiert. In der Europäischen Union dürfen Steinkorallen ebenfalls nur mit CITES-Zeugnissen gehandelt werden. Beim Grenzübertritt muß auch immer damit gerechnet werden, daß aus der Unkenntnis der Zollbeamten Problemsituationen erwachsen, Es ist deshalb immer empfehlenswert, sich der Hilfe eines fachkundigen Exporteurs zu versichern.

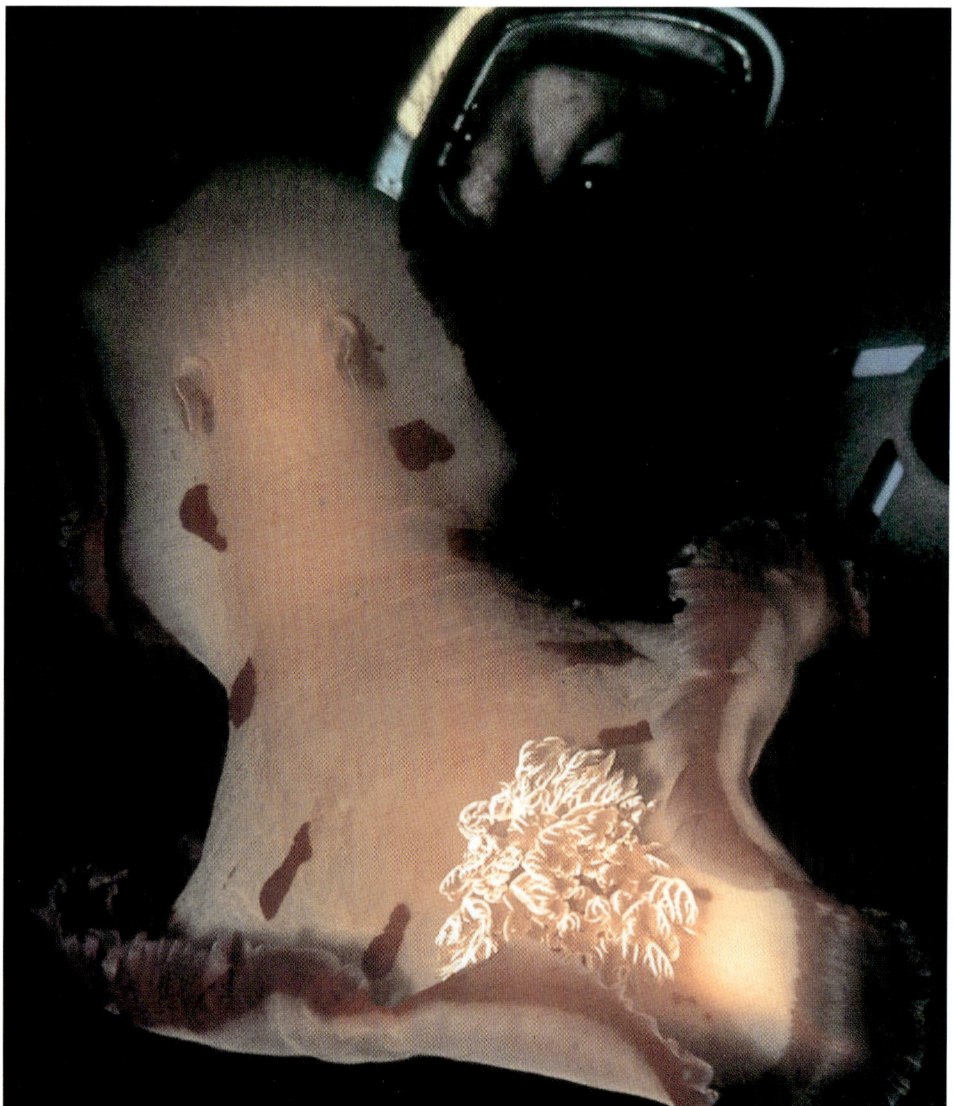

Meeresaquaristik und Artenschutz

Wie transportiert man Meerwassertiere?

Bei vielen Fluggesellschaften ist es verboten, lebende Tiere im Handgepäck zu transportieren. Exporteure benutzen in der Regel Plastikbeutel (oft auch zwei oder drei ineinander, je nach Art der Tiere). Die Plastikbeutel werden in Styroporboxen gepackt. Es gibt unterschiedliche Styroporboxen für den Sommer- bzw. den Wintertransport. Derartiger Aufwand lohnt natürlich nur für eine entsprechende Menge. Für kleinere Mengen kann man sich aus Styroporplatten eine kleine Box selbst kleben, die man eventuell im Urlaubskoffer unterbringt (Nicht immer werden die Koffer in geheizten Gepäckkabinen verstaut!). Als viel sicherer für kleine Wirbellose oder Fische haben sich durchsichtige Plastikgefäße von 100 ml bis 1 l mit festem Schraubdeckel bewährt, in die man nur jeweils ein einzelnes Tier setzt. Die Tiere müssen auf den Transport natürlich vorbereitet werden, d.h. es dürfen keine frischgefangenen Individuen sein. Diese würden an ihren eigenen Exkrementen zugrunde gehen. Wirbellose müssen also abgeschleimt sein; Fische dürfen drei Tage nichts zu fressen bekommen haben. Das Verhältnis Wasser zu Luft sollte etwa 1:2 bis 1:3 betragen. Eine gute Aktivkohle, in geringer Menge dem Transportwasser zugesetzt, kann helfen, Ausscheidungen der Tiere zu binden.

Meeresaquaristik und Artenschutz

Sollte man bestimmte Tiere nicht erwerben?

Man sollte sich auf jeden Fall vor dem Erwerb von Tieren über die Ansprüche der jeweiligen Art genaustens informieren. Immer wieder werden Tiere importiert und auch gekauft, die sich nach kurzer Zeit als nicht haltbar erweisen oder deren Haltung mit den gegebenen Mitteln auch heute noch nicht realisiert werden kann. Beratung und Information im guten Zoofachhandel vermeidet manchen Fehlkauf.

Eine Vielzahl von Meerestieren ist zum Beispiel auf Plankton angewiesen. Diese in Spezialaquarien zu pflegenden, für einen Anfänger in jedem Falle ungeeigneten Tiere werden wegen ihrer außerordentlichen Farbenpracht in teilweise relativ hohen Zahlen importiert, eben weil sie auch immer wieder gekauft werden. Sicherlich ist die Aussage: „Auf die paar Haarsterne oder farbigen Weichkorallen kommt es doch nun wohl nicht an", ein trauriges Argument.

Leider verhungern immer wieder Masken-Igelfische (*Diodon liturosus*) im Meerwasseraquarium.

Schmetterlingsfische sind Nahrungsspezialisten und waren deshalb lange geschützt.

Steinkorallen stehen sämtlich unter Artenschutz.

Meeresaquaristik und Artenschutz

Welche Gefahren bestehen für die Korallenriffe?

Durch die Aquaristik wird für den Naturschutz eine große praktische Überzeugungsarbeit geleistet. Wer auf solche anschauliche Weise über die Lebensvorgänge und Zusammenhänge im Korallenriff aufgeklärt wird, entwickelt eine große Hochachtung vor der Natur. Aquarianer haben in den letzten Jahren wesentlich zum heutigen Kenntnisstand der Biologie des Riffs beigetragen. Die Entnahme für den aquaristischen Bedarf hat in keinem Fall eine Art in ihrem Bestand gefährdet. Zunehmend werden auch Tiere des Riffs, selbst Steinkorallen, für das Aquarium gezüchtet. Raubbau am Riff, durch Abtragen von Riffen für den Straßen- oder Hausbau, Bombenfischerei, Ölverschmutzung, Verschmutzung durch Touristenzentren, Übervölkerung durch Sporttaucher, sich ins Riff ergießende Bodenerosionen und viele andere Dinge sind vergleichsweise eher bedenkenswert und zu vermeiden. Globale Klimaeffekte, insbesondere die Erwärmung der Atmosphäre, geben in den letzten Jahren sogar zu schlimmen Befürchtungen Anlaß.

Schlußwort

Liebe Leser,

wir hoffen, Ihnen bei der Gestaltung und der Pflege eines eigenen Meerwasseraquariums geholfen zu haben.
Sicher werden Sie recht schnell bemerkt haben, daß die Meeresaquaristik ein spannendes, in vielen Bereichen aber auch noch ein offenes Hobby ist. Unsere Ausführungen sollten helfen, ein Kochrezept sind sie jedoch nicht. Auch die komplette Technik ersetzt hier nicht das Einfühlungsvermögen des Pflegers. Gleichgültig, ob es Ihnen um ein traumhaft schönes Schauaquarium geht oder ob Sie der Ehrgeiz gepackt hat, irgend eine Korallen- oder Fischart vermehren zu wollen - Sie dringen tief in biologische Zusammenhänge ein. Dabei helfen Sie Ihrem eigenen kleinen Naturausschnitt stabil zu bleiben und es schärft sich Ihr Blick für die große Unterwelt der Erde.
Angesichts dramatisch sich verschlechternder Zustände in den Meeren dieser Welt haben sich insbesondere wir Aquarianer die Aufgabe mit unseren Kenntnissen dazu beigetragen, Zerstörungen der Riffe entgegenzuwirken.

Die Autoren

Weiterführende Literatur

ALLEN, G. R. & R. STEENE (1994): Riff-Führer. – Verlag Christa Hemmen, Wiesbaden

BAENSCH, H. A. (1992): Neue Meerwasser-Praxis. – Tetra-Verlag, Melle

BAENSCH, H. A. et al. (1992-1998): Meerwasser-Atlas. Bd. I-VII. – Mergus-Verlag, Melle

BURGESS, W., AXELROD, H. & R. E. HUNZIKER (1988): Atlas of Marine Aquarium Fishes. – T. F. H. Publications

COLIN, P. L. (1988): Marine Invertebrates and Plants of the Living Reef. – T. F. H. Publications

DEBELIUS, H. (1993): Fischführer Indischer Ozean. – Tetra-Verlag, Melle

DEBELIUS, H. (1997): Schneckenführer Indopazifik. – Jahr Verlag, Hamburg

DEBELIUS, H. (1998): Fischführer Mittelmeer und Atlantik. – Jahr Verlag, Hamburg

DEBELIUS, H. (1998): Rotes Meer Riff-Führer. – Jahr Verlag, Hamburg

DEBELIUS, H. & R. KUITER (1994): Fischführer Südostasien. – Tetra-Verlag, Melle

DELBEEK, J. C. & J. SPRUNG (1996): Das Riffaquarium. Ein umfangreiches Handbuch zur Bestimmung und Aquarienhaltung tropischer Meerestiere. – Ricordea Publishing

FAUTIN, D. G. & G. R. ALLEN (1993): Anemonenfische und ihre Wirte. – Tetra-Verlag, Melle

FOSSA, S. A. & A. J. NILSEN (1992-1998): Korallenriff-Aquarium. Bd. I-VI. – Birgit Schmettkamp Verlag, Bornheim

FRISCHE, J. (1992): Das Riff-Aquarium. – Tetra-Verlag, Melle

GÖTHEL, H. (1997): Farbatlas Mittelmeerfauna. – Ulmer-Verlag, Stuttgart

HÖFTE, B. B. TER & P. ARENDT (1997): Frickhingers Gesund wie der Fisch im Wasser?. – Tetra-Verlag, Melle

HOLLIDAY, L. (1992): Korallenriffe der Welt. – Tetra-Verlag, Melle

HUMANN, P. (1997): Fischführer Karibik. – Jahr Verlag, Hamburg

JONAS, P. (1997): Unterwasser-Welt Ostsee. Fische, Wirbellose, Pflanzen. – Jahr-Verlag, Hamburg

KUITER, R. (1992): Tropical Reef-Fishes of the Western Pacific Indonesia and Adjacent Waters. – Penerbit PT Gramedia Pustaka Utama, Jakarta

MASUDA, H. & G. R. ALLEN (1993): Meeresfische der Welt. – Tetra-Verlag, Melle

MILLS, D. (1991): Das Meerwasser-Aquarium. – Tetra-Verlag, Melle

RIEDEL, R. (1963): Fauna und Flora der Adria. – Verlag Paul Parey, Hamburg, Berlin

SCHMITT, B. & S. SCHMITT (1998): Mein erstes Meeresaquarium. – Tetra Verlag GmbH, Münster

SCHNEIDEWIND, F. (1999): Kaiserfische. – Tetra Verlag GmbH, Münster

STAFFORD-DEITSCH, J. (1994): Haie. – Tetra-Verlag, Melle

STAFFORD-DEITSCH, J. (1992): Riffe. – Tetra-Verlag, Melle

VERON, J. F. N. (1993): Corals of Australia and the Indo-Pacific. – University of Hawaii Press, Honolulu

Außerdem finden Sie regelmäßig Beiträge zu meeresaquaristischen Themen mit praktischen Tips und neuesten Erkenntnissen im Aquaristik-Fachmagazin TI, das in der Tetra Verlag GmbH, Münster, erscheint.

Meerwassersymposien des VDA vermitteln deutschen Aquarianern die Erfahrungen namhafter Referenten und bieten die Möglichkeit für einen regen Erfahrungsaustausch.

Das praktische Meerwasseraquarium

Die Autoren

Bernd Schmitt, geboren 1942 in Zeitz, ist von Kindesbeinen an Aquarianer. Die ersten Guppies wurden samt Batterieglas im Tausch gegen eine Blindschleiche erworben. Das Hobby durchzieht Beruf (Biologielehrer) und Freizeit. Besondere Herausforderung auf dem Gebiet der Süßwasser-Aquaristik waren stets Fischarten, deren Fortpflanzung im Aquarium Probleme aufwirft. Nachzuchten von Flösselhechten, Schlangenkopffischen, Piranhas und seltenen Welsen waren Höhepunkte der züchterischen Tätigkeit. Sie spiegeln sich im Buch „Züchterkniffe“ wider. Fachartikel und die Tätigkeit als Referatsleiter für Sachkunde beim VDA sind Resulate der jahrzehntelangen aquaristischen Erfahrung. Seit mehreren Jahren steht auch die Meeresaquaristik mit all ihren Neuerungen und der rasanten Entwicklung im Focus des Interesses. Viele Reisen zu den Lebensräumen der Pfleglinge, etwa nach Madagaskar, Malediven, Peru, Mexiko, Venezuela und Kenia machte mit den natürlichen Gegebenheiten und Bedürfnissen der Tiere und Pflanzen bekannt. Das erste meeresaquaristische Buch wurde gemeinsam mit demselben Koautor wie im vorliegenden Werk 1997 von der Tetra Verlag GmbH verlegt.

Steffen Schmitt, geboren 1968 in Zeitz, begeisterte sich seit frühen Lebensjahren für das aquaristische Hobby seines Vaters Bernd Schmitt. Allerdings galt seine Neigung auch der Ornithologie. Von Beruf Meß- und Regelmechaniker, später Medizintechniker, flankierte die Aquaristik den Alltag. Dabei dominierten stets Meeresaquarien. Die Erkundungen der Riffe und anderer Unterwassergefilde im Indischen Ozean, in der Karibik und im Roten Meer resultierten in zahlreichen schönen Fotos. Zahlreiche Vorträge und schließlich auch Fachartikel und ein erstes Buch über Meeresaquaristik gaben Gelegenheit, das Wissen über den Lebensraum Meer – ob in der Natur oder auch nachgebildet im Aquarium – weiterzugeben. Das Vermehren von Steinkorallen im Aquarium ist ein ehrgeiziges Ziel und stets neue Herausforderung.